Carlos Saul Arenas Duarte

Antologia Dramatica Para Tiempos Convexos

Carlos Saul Arenas Duarte

Antologia Dramatica Para Tiempos Convexos

Dramaturgia

JustFiction Edition

Imprint

Cover image: www.ingimage.com

Publisher:
JustFiction! Edition
is a trademark of
Dodo Books Indian Ocean Ltd., member of the OmniScriptum S.R.L Publishing group
str. A.Russo 15, of. 61, Chisinau-2068, Republic of Moldova Europe
Printed at: see last page
ISBN: 978-620-3-57721-1

ANTOLOGIA DRAMATICA PARA TIEMPOS CONVEXOS

CARLOS SAUL ARENAS DUARTE

PRESENTACION

Realizar una antología literaria, particularmente en el tema referente a la dramaturgia, implica que se explore sobre diversas formas de expresar la palabra ante un público determinado, es decir, que el arte dramático conlleva a representaciones o interpretaciones donde solo actúe una sola persona (a través de la cuentería, monólogo, diatriba) o varias (a través del colectivo de teatro de sala o de calle) en cualquier escenario.

Antología dramática para tiempos convexos, es, en esencia, una multipropuesta híbrida para las artes escénicas donde se recurre a las diversas tipologías posibles para contar una historia. El titulo del libro sugiere una serie de acontecimientos reales y ficticios que reflejan y refractan las realidades sociales en cualquier tiempo. De hecho, la convexidad es un tema propio de la física y simboliza una imagen distorsionada producto del efecto de la luz y los rayos visuales que afectan un objeto.

El libro esta dividido en tres segmentos literarios que contienen, en su orden, ***cuentería, monólogos y teatro*** En cuanto a *Cómo nacieron los abuelos, Tres burritos, La guitarra*, son historias que pertenecen al género de la cuenterìa o de narración oral unipersonal; en cuanto a *¿epquanazone?, Monólogo para la cena, Barro Colorado, Sátira en Sol mayor, Discurso de la Sombra,* son historias que pertenecen al género del monólogo, también unipersonal; por último, *Al Principio, La Visita del Conde, Patria Cemento, Esas Vainas de Don Quijote, La Tierra se jode, Césares, Una tarde de café,* son historias en donde participan varias personas (actores) o teatro de acción colectiva.

Es de suma importancia anotar que cada segmento del libro es una parte primordial del acontecer escénico que se transfiere a cada una de sus historias, por lo tanto *Antología dramática para tiempos convexos*, es un cuerpo de tres cabezas flotando en un laberinto imaginario de sucesos extraídos, unos, de esa gran realidad social y política.

CARLOS SAUL ARENAS DUARTE

Administrador Público y Gestor Cultural especializado en Gestión Documental y Gestión de la Calidad. Escritor, investigador y columnista de algunos informativos locales. Se ha desempeñado como creador, miembro y representante legal de varias organizaciones, entre ellas Difusiones, Corsad, Soarte, Defap, Fordesc, Encontrarte, Noveno Círculo, LETI, Vértice y otras no menos importantes.

Ha creado, diseñado y desarrollado actividades culturales de fortalecimiento de las artes escénicas y literarias como Tinto y Pluma y Tibay Toto, además de asesorias, consultorias y apoyo a entidades públicas y privadas creando espacios propios para la creación y muestra de resultados artísticos tanto locales como regionales. Su actividad cultural le ha permitido acumular una gran experiencia en procesos, estructura, organización y legislación, sumados a ese gran conocimiento del desarrollo organizacional de entidades del estado y la empresa privada.

En el campo de las letras, ha sido el autor mas joven de los años setenta, al participar a los trece años de los talleres de narrativa realizados en la Biblioteca Turbay y mostrar sus trabajos en algunos periódicos de circulación nacional. Su desarrollo literario se ha dividido en dos fases: como actor y director escénico a través de grupos infantiles y juveniles, y como libretista y guionista de sus propias obras en las que encarna la sensibilidad por ver un universo menos conflictivo, más alegre y con mejores oportunidades para vivir.

Es autor de innumerables cuentos cortos, poesías, crítica, artículos literarios y obras para artes escénicas, que lo hacen merecedor a valores agregados en su producción literaria que data desde 1976.

1. CUENTERIA

1.1. COMO NACIERON LOS ABUELOS

Dice el libro del génesis que en un principio no había nada y que luego, al sexto día dijo Dios: "Hagamos al hombre a nuestra imagen, conforme a nuestra semejanza; y señoree en los peces de la mar, y en las aves de los cielos, y en las bestias, y en toda la tierra, y en todo animal que anda arrastrando sobre la tierra". De esta manera, el hombre fue creado y disfrutó de todo cuanto había en la tierra. Pero no todo es perfecto y el hombre en su afán por dominar las cosas creadas para él, entró en el olvido y perdió la memoria, no sabia de su pasado, solo vivía de su presente y nada más.

Tal vez durante muchos años, siglos, milenios, el hombre solo conocía el presente, no recordaba quien era, que había pasado antes y se limitaba a caminar y caminar sin rumbo fijo, nómada, conquistando nuevas tierras y procreando, alimentándose y descansando. El era solo en el mundo, eso creía, pero el mundo estaba lleno de hombres iguales, caminantes, errantes, sin pasado y sin memoria.

Un buen día, un hombre que caminaba recogiendo los frutos de la tierra para llevarlos a su familia, se encontró en el fondo de una zanja con algo duro y extraño. Pensó que lo mejor sería saber de que se trataba y se propuso sacarlo de ahí. Lentamente cavó y cavó hasta encontrar el pesado y extraño objeto. Al sacarlo del fondo de la zanja, se encontró con una enorme y hermosa maleta de terciopelo, adornada con hebillas de oro y cerrada con correas de plata. Aún cuando el cansancio le impedía mover un dedo mas, el esfuerzo valió la pena, pensó.

Deseaba abrirla y saber que contenía esta maleta pero mejor decidió llevar este tesoro a su casa y decidir su futuro en familia. Así, emprendió el regreso llevando a sus espaldas el preciado trofeo ansioso de comentarlo con su esposa y su prole. Una vez en casa se discutió quien sería el indicado para abrirla, derecho que se ganó el hombre por ser quién la encontró. Su familia no obstante le recomendó no abrirla con violencia.

Así fue. El hombre dispuso de toda su voluntad y calma para este propósito. En cada presión leve ejercida sobre la tersa piel de la maleta, una hebilla se soltaba expidiendo una luz multicolor, radiante y llena de vida. Una a una las hebillas se abrieron, como en primavera las flores abren sus pétalos, y se fueron refugiando en cada rincón de la casa. Al final cuando todas fueron abiertas, el hombre se dispuso a separar cada tapa de la maleta, pero a medida que se separaban de su interior brotaban miles de palabras acompañadas de polvos milenarios que mas parecían figuras de millones de ángeles. Estas palabras liberadas, secuestradas en el tiempo, se prendieron en cada pared de la casa y se fusionaron con los colores formando una amalgama de anécdotas y visiones que prontamente el hombre y su familia les puso como nombre: Recuerdo. Así, el hombre pudo ver más atrás de su presente y se vio en la mente en su niñez, con sus padres, con sus abuelos y con sus antepasados. Este recuerdo le había dado paso a otro descubrimiento: la memoria.

La casa del hombre ya no era la misma. Todos los miembros de su familia conocían algo más de sus vidas, la luz del entendimiento no se extinguía y el don de la palabra era parte de su pensamiento. Dentro de su corazón y en su cerebro se fueron entrelazando colores, símbolos, ideas, recuerdos y acciones, que fueron procesados y almacenados en la memoria y el pensamiento para darle pasó a un nuevo descubrimiento: la experiencia.

Con mil historias en su pecho, el tiempo hizo que el hombre cambiase su cabellera por hilos de plata y copos de nieve formando hermosos destellos de luz, que cambiase su piel lisa por huellas de los caminos de la vida largos y cortos, que cambiase sus ojos por perlas transparentes de brillantez celestial, que cambiase su caminar firme y seguro por uno lento presagiando alertas en los pasos dados o las decisiones tomadas, que cambiase sus manos toscas y fuertes por frágiles y pesadas líneas que llevan en cada mancha el dolor, la alegría y los sueños cumplidos. Esta transformación lo había hecho grande pues es el signo del envejecimiento y junto a el la admiración y el respeto. Sus hijos crecieron siempre en espera de recibir un oportuno consejo.

De esta forma, el hombre recobró lo que se le olvidó en la creación. Además era un sabio. Había logrado descubrir su pasado y podría prever su futuro. La sabiduría del hombre formaba parte de su experiencia. A esta indescriptible, pero poderosa, mezcla se le ha conocido desde entonces en el mundo como ABUELO.

1.2. TRES BURRITOS

Por la verde franja cubierta de caracolìes y limonales, cada mañana se veìan partir de la vieja choza de guadua y nacuma, propiedad de don Elias Campoamor, tres hermosos jumentos llenos de vida. Cada cual su nombre llevaba pegado a su pecho gris, como amuleto de buena suerte. Pero la verdad, la suerte es como una ruleta que solo permite un grito de alegrìa y muchos de dolor y desencanto.

Aniceto, Anselmo y Dulcino, nuestros pequeños burritos, se disputaban amigablemente los mimos y caricias de don Elìas, hombre de edad avanzada y mirada triste pero amante de las labores agrìcolas y amigo de sus animales, quien siempre estaba presto a consentirlos. Ellos sabìan que solo dos dias a la semana eran cargados con fique y madera y enviados al pueblo para luego volver a casa con los viveres y encargos de su dueño.

Don Elias confiaba mucho en sus burritos, quienes devolvìan esta confianza con su servicio desinteresado. Pero las cosas parecen transformarse en los momentos menos esperados. Es asì como don Elìas presiente que su salud ya no es la misma y no tiene la sificiente fuerza para seguir en sus labores y cuidados del campo y se pone a la tarea de vender su poco patrimonio, representado en una pequeña finca y sus tres fieles pollinos.

Luego de escuchar varias ofertas por sus propiedades, don Elias se decide a vender, no sin antes recomendar un trato justo y especial con sus pequeñas bestias de carga. Con la venta de la finca y sus pollinos, podrìa tomar un merecido descanso luego de casi sesenta años entre abonos, riegos y cosechas, a la vez que poder prestar mejor atenciòn a su salud. Esperò que la noche lo ocultara para que sus pequeños animalitos no lo vieran llorar.

El comerciante que adquiriò las propiedades de don Elias distaba mucho de hacer caso a las advertencias y recomendaciones de don Elias, simplemente su funciòn era comprar y vender para lograr alguna utilidad econòmica. De esta forma cada una de las propiedades fue puesta al mejor pòstor, incluidos los pollinos quienes fueron adquiridos por personas diferentes. Esto presagiaba un destino diferente para cada uno de ellos.

En domingo, día de mercado y como era de esperarse, se selló definitivamente el futuro de los tres burritos. Tres compradores se convirtieron en propietarios de cada uno de ellos que de aquí en adelante solo conservarían el nombre grabado en su pechera de cuero, que con tanto aprecio había elaborado don Elías. Aniceto fue comprado por un señor que pronto lo subió en una camioneta y se fue hacia lo profundo de la espesa selva andina. Anselmo se fue con su nuevo dueño rìo abajo, por un camino estrecho de herradura. Dulcino, el último de los burritos, fue entregado a su nuevo amo que lo dotó de un hermoso vestido de cuerina y lino, y se perdió por calle calle principal entre cantos de silbatos y tambores.

En el recuerdo del pueblo, los parroquianos esperaban la acostumbrada llegada de los tres pequeños, todos los jueves y domingos. Sin embargo, al poco tiempo, como pasa con todas las cosas, esta costumbre se olvidò, casi nadie se acordaba de los famosos burritos de don Elías y cual había sido su destino final. Queda entendido que en recuerdo de estos animalitos no se borraría la imagen de su gentil amo ni de sus faenas semanales juntos.

Algunos días después se conoció la noticia sobre la detención de un burrito que tenía camuflado en su cuerpo y alforjas, una gran cantidad de sustancia alcaloide que intentaba pasar frente a un retén militar, con tan mala fortuna que fue descubierto y encarcelado como un delincuente, a la espera de dar con el paradero de sus dueños. Su costumbre de caminar fue sesgada por una pequeña celda que provocó su desfallecimiento hasta morir de tristeza. Allí murió Aniceto.

No habían pasado muchos días de esta noticia, cuando el país se conmovió con una terrible historia. Un burrito fue cargado con explosivos y fue activado un detonador que lo hizo volar en mil pedazos justo cuando pasaba cerca a un cuartel de la policía y provocó la muerte de varios de ellos. Su cuerpo desintegrado quedo esparcido en todas las calles y techos de las casa vecinas. Este burrito era Anselmo. Este fue su triste final.

Pero las noticias trágicas atraen las buenas. El país supo de un campesino que emprendió una gentil tarea de llegar a las puertas de todas las casas veredales y ofrecer conocimiento a través de los libros. En su titánico esfuerzo se le vio acompañado de un noble burrito que vestía una gran capa de cuerina y lino, quien hacia las veces de un gran depósito documental: era su biblioteca móvil. Dulcino, aún cansado de algunas extenuantes jornadas, servía con placer y sumisión a su amo, quien más que su dueño, era su compañero de aventura.

Así, esta historia tragi-feliz nos hace entender que el destino puede ser adverso aún cuando llevemos en nuestro corazón alegría y nobleza.

1.3. LA GUITARRA

En esta noche de cuento, mimo y trova, me obliga a contarles una historia fantasiosa, pero no menos real, que sucedió a mediados del año mil novecientos noventa y tres.

Tengo un amigo, tiene por nombre Gustavo, un tipo echado pa`lante, inquieto y trabajador. El tenía una pequeña academia musical en un barrio muy popular de la ciudad. Les pido que por favor observen esta guitarra. Bueno, el tenía una casi como esta, salvo que era una guitarra muy especial. Era una guitarra española, con un clavijero tallado finamente en figuritas arabescas, su caja de resonancia llevaba muchas y variadas incrustaciones. El cuerpo de esa guitarra era de color negro y estaba adornada con filigranas dorados. Al igual, era una guitarra vieja... demasiado vieja...diría yo.

Cierto dia llegó a la academia una mujer de aspecto muy joven. Esta mujer venía a preguntar todo lo referente a los cursos que se dictaban. Gustavo, la atendió y aclaró todas sus dudas, le explicó con detalles còmo estaban diseñados los cursos, los valores, los tiempos, los horarios... en fin, le diò toda la información posible.

Zoraida, así se llamaba la mujer, llevaba en sus manos y cubierta con una bolsa transparente, de plástico, la guitarra española. Le comentó a Gustavo la intención de tomar un curso de guitarra y asì de esta forma, poder tocar su guitarra de ébano. Pero, le comentó también que esta guitarra tenía un pequeño problema y le pidió que se la arreglase.

Al sacar el instrumento de su envoltura, Gustavo se da cuenta que la tercera cuerda està reventada y que el puente està levantado ligeramente. De hecho, no era un problema muy grave de solucionar, asì que decide repararla, no sin antes pedirle tres dias para entregársela en buen estado.

La mujer le comentó que era mejor que cuando la guitarra estuviese lista, la llamara para ir por ella y no perder tiempo. De esta forma, le dio un número telefónico y se despidieron.

Pero Gustavo no era muy práctico en arreglar puentes de guitarra, además carecía de prensas y otros elementos necesarios para este tipo de arreglo. Decidió entonces llevar la guitarra donde un fabricante amigo. Este constructor de instrumentos musicales, revisó la guitarra y le dijo que máximo en cinco días estaría arreglada.

Pasaron los cinco días y Gustavo fue por el instrumento. El constructor le dijo que no la tenía arreglada, pues el puente se levantó nuevamente y que quizá estuvo mal pegado, además le había cambiado la cuerda y esta se había reventado nuevamente. Los dos acordaron tres días mas para la entrega.

Al plazo cumplido, el maestro llamó a Gustavo y le dijo que esa guitarra no la arreglaba ni el putas. Que mejor se la entregara a la mujer y que no jodiera más con esa mierda. Sin embargo, Gustavo intentó hacer un último esfuerzo antes de llamar a la mujer. Así es que le pone una cuerda nueva y pega el puente.

Pasaron varios días sin novedad por la guitarra, hasta que una noche Gustavo escucha un ruido seco. La tercera cuerda nuevamente se reventó. Salió al pasillo donde la tenía y notó que el puente estaba levantado una vez más. Eso es muy mala señal, pensó casi instintivamente.

En la mañana, Gustavo le comenta a su familia lo acontecido. La decisión entonces era entregar la guitarra a su dueña. Para el efecto, busca el número telefónico y marca. Le contestó una señora con voz cansada y triste a la cual Gustavo pide el favor de comunicarlo con Zoraida. Para su sorpresa, la señora le comunica que no es posible pasarle a la mujer solicitada, pues había fallecido dos años antes. La noticia turbó notablemente a Gustavo.

Días después nos encontramos en camino a una población del departamento y sobre una volqueta repleta de carbón mineral, que era nuestro medio de transporte, Gustavo me refirió esta historia. Más que asombrado, me asaltaba la duda de esta historia y dije a Gustavo que llamara nuevamente a la señora para hablar con ella. Así se hizo. La señora me ratificó la muerte de Zoraida, aparte del lugar donde reposaban sus restos.

Al lunes siguiente, bien de mañana, nos dirigimos al cementerio descrito por la señora y comenzamos a buscar la tumba de Zoraida. Allí estaba. En un panteón cerca a la salida del campo santo encontramos su tumba con la inscripción de los datos referidos por la señora, de quien luego supimos que era su madre.

La guitarra española aún la conserva Gustavo, con su tercera cuerda reventada y su puente levantado ligeramente. La verdad aun no me repongo de este misterio.

2. MONOLOGOS

2.1. ¿EPQUANAZONE? (¿Donde está?)

(*El personaje lleva una especie de túnica elaborada en fique, con una corona de espinas en su cabeza. El escenario está adornado con libros y objetos prehispánicos*).

El tiempo! No parece que corriera mucho. Todos los días son del idioma...idioma, que monumento a la historia! Todo está listo: las autoridades, los niños testigos obligados a asistir...y el ramillete de discursos. Vaya, celebrar es casi una orden. Celebrar? Qué celebrar? Acaso... nuestra destrucción cultural?

Esto huele a conquistador! Esa rara mezcla de suciedad y sudor, con la limpieza de nuestro mar, presto a la aventura...una aventura que se llamó Colón. Pero... ¿quién era ese? Quizá un tipo aburrido de la sociedad portuguesa... o italiana? Que tipo!

Colón: en nombre de Bochica, lo condeno al destierro de mi mente... lo acuso de la barbarie y castración de nuestra historia. Por usted, nos llenamos de codicia sin piedad...nos quemaron nuestros dioses...y malograron nuestra sabiduría. Que pecado cometimos? Por qué nos cambiaron?

Pero eso no es todo. En una nave, como la suya, poco después, llegaron noticias: un aguerrido militar, manco y preso... además escritor. Este no tenia nada más que hacer sino escribir...y escribir... y escribir. Por fin creó una historia de fantasìa: un valiente tratando de lograr lo imposible, en su posible locura. Que cosa!

Este escrito fue el manual idiomático. Que extraño! creo que el lenguaje no es utilizado de la mejor forma en el campo de batalla... no sè si será lo mismo en una càrcel. Total, asì es el español... asi son todas las cosas que nos pasan.

Colòn...què has hecho? No hay algo por hacer! España marcha al ritmo de Cervantes y nosotros....los pobres nosotros, al ritmo de España. Aquellos rodillos grabados que guardaron nuestros secretos, los cambiaron por barras de plomo y papel; nuestros símbolos expresados en la pintura rupestre, los cambiaron por otra forma llamada escritura; nuestros diálogos... fonético y guturales, los cambiaron por artículos... verbos... sujetos...adjetivos... pronombres... y otras formas. Còmo saber què fue de Chìa...de Sue... del Sie... del Quye o del Aba? Hoy... no es un dia cualquiera. Sì. Es un aniversario más de nuestro entierro. Dónde estará nuestra lengua madre? ¿Epquanazone?

2.2. MONOLOGO PARA LA CENA

Cuántas vainas han sucedido desde aquella mitad del siglo pasado. Simone...Simone...bonita y fugaz...diría: ahí está la encarnación de un Dios hecho mujer... y qué mujer! Miremos al tiempo...

Cuántos amos y señores han perdido su cabeza debajo de unas enaguas como ésta. Por ahí dicen que son el sexo fuerte. Pura mierda! Basta nomás verlos, exhibiendo esos ojos desorbitado cuando una culicagada les sonríe o los roza con su delicada piel. Pero...qué va! Esto no es un problema de estos tiempos, es un problema de siempre, yo se por qué lo digo *(camina y medita).*

Hay que mirar... mejor, estudiar un poco de historia para comprenderlos un ratico. Pobres hombres. No sé cómo en estos libros se les hacen homenajes interminables, con capítulos enteros, mostrando sus hazañas en letras de estilo y con poses que envidiaría cualquier modelo, llenando páginas y páginas...formando enciclopedias completas, mientras a nosotras, salvo algunos errores de imprenta, solo nos dedican unas pequeñas páginas, como si quisieran recordarnos siempre su "supuesta superioridad". Cómo quisiera refrescarles la memoria!

No entiendo la cantidad de estos seres que supuestamente han transformado la humanidad. Cómo carajos se dice que han conquistado el mundo? Es que no se acuerdan que dependen de nosotras? No se acuerdan quién los parió? No se acuerdan quien les daba teta... de noche... de día? No se acuerdan quién los acariciaba y cuidaba del frío y del hambre? No se acuerdan quién se preocupara para que fueran a aprender? Por què Dios en su inmensa sabiduría no les puso una barriga de huesos en lugar de pimpinada de guarapo? Por què no los puso a chorrear sangre todos losa meses? O, por què no les hizo unas piernas varicosas en lugar de esas patas peludas y horribles*? (medita y se dirige a la biblioteca)*

Este texto... el mas leído... la Biblia... miremos... aquí está. Génesis... "*...y de la costilla aquella que había sacado de Adán, formó el señor Dios una mujer, la cual puso delante de Adán*". Entonces... nos creó a las mujeres para que el hombre no se sintiera solo...o sea que Dios era hombre? *(Cierra el Libro).* Creo más bien que este texto fue escrito por el primer loco machista que existió sobre la tierra. Dios no tiene sexo, porque es inmaterial. Què vaina!

(*Ojea varios libros*) Grecia, Roma, Egipto, Israel... todos antiguos. Muy poco se dice de nosotras... es como si no existiéramos. Bueno, si existimos pero con unas páginas! Cleopatra, se conoció mas por sus conquistas amorosas...Mesalina, como una puta insatisfecha...María Magdalena, otro tanto... hasta la propia Manuelita Sáenz no se salva de la pluma de estos seres. Què les pasa a los hombres? Por què no nos dan el trato que merecemos?

Gracias que llegaron mujeres usted, Simone... como usted, María Cano... o como usted, Shere. De todas formas, algún merecido se llevaron estos hombres. La historia de la mujer, la mía, la de ustedes, la de nosotras, es mas antigua que la misma historia del hombre, o si no, que pensarán de la naturaleza? Ella es femenina... muy femenina, al igual que la tierra, la luna y las estrellas. Son vaginas inmensas que muchos hombres desconocen.

Yo no puedo imaginar a un varón imponiéndome condiciones. Eso ya pasó. Estos son otros tiempos. Marica la mujer que se deje guevoniar por un par de... (Hace ademán de testículos). Muchos de ellos solo se fijan en la entrepierna... que se jodan! Pero no puedo enredar la pita. Antes se hablaba de derechos del hombre, hoy se habla de los derechosa humanos, porque somos iguales. Jà... hasta ahora lo descubren. Què tecnología!

Sor Teresa, que magia de humildad. Vaya si trascendió. Ella si les enseño como se debe amar al prójimo, mientras los grandes hombres se dedicaban a la guerra, llevando miseria y hambre con la excusa de la paz. También estás ahì, Lucila Godoy o Gabriela Mistral, enseñando en los campos chilenos el valor de la poesía y el canto a la vida. Tampoco podría olvidar a Indira Gandhi, o a ti, Margaret Tacher. Qué verraquera de mujeres! Demostrando que sus ideas son mas fuertes que un simple par de calzones.

(Mira el reloj) por mi madre! Què pereza! Saber que estoy hablando sola y no tener un ser de estos para decirle estas y otras verdades... tener que desahogarme sola, mientras ordeno mi biblioteca de mujeres (Ordena los libros). Pero... no los odio, al contrario, los admiro por su forma de esconder nuestros ideales por tantos años. También los necesitamos. Me imagino cómo sería una cama con solo mujeres. Es gracioso verlos hacer gestos! Ahì si se les vè el trabajo: sudan, suplican, lloran y hasta se quieren morir.

Bueno, mis queridas amigas: la cena está servida (Se aleja con un libro).

2.3. BARRO COLORADO
(Diatriba en el patio ensangrentado)

(Basado en textos de José María Vargas Vila)

ACTO UNICO

(Hombre con traje campesino del siglo XIX, atado de pies y manos, una horca, luces, música serial)

-Coccobolo, tú creaste el patíbulo! Es tu más salvaje propuesta de poder que ni siquiera tus mejores amigos de partido podrán soportarla. Aún cuando mis ojos están vendados, puedo recordarte y verte con esos ojos delirantes, ávidos de sangre. Puedo verte firme frente a mí, con ese cuerpo enorme luciendo calzoncillos blancos posando sobre tu bestia indomable. Puedo ver tu sombrero en forma de cruz y tu pecho adornado con miles de crucifijos y amuletos, así como tus bigotes caídos y tu palidez enfermiza que mas parece un niño asustado que necesita aterrar a sus enemigos.

Conmigo pretendes castigar las ideas, pero bien sabes que no existen las excusas. Así como yo, muchos que han posado para esta cuerda, no tuvimos defensa; al contrario, una jauría de diarios capitalinos prestos a ofrecer tributo a la barbarie y un pueblo acobardado y esclavo que tiembla ante su amo.

Yo creo que no existen pecados y delitos, sino que tú, General Reyes, piensas disminuir a tus opositores. Pero los opositores somos todos! Tú eres el amo que se opone ante este cadalso. La calumnia y la injuria, pasando por el insulto, son tus armas presidenciales. Estoy a punto de cumplir una condena en ese monumento a la crueldad en la historia.

(Los sicarios atan sus manos y pies al patíbulo)

He llegado a Barro Colorado como llegan todos los colombianos: Difamados y humillados. Dime: Cómo puedes llevar las imágenes sagradas en lo alto de las bayonetas y lucir estandartes bordados con el corazón de Jesús y la virgen de Lourdes? Cómo las prostitutas que acompañan a tus soldados descamisados se sienten contagiadas de ese furor religioso y sanguinario y hasta predicen la próxima carnicería? Por qué condecoras la muerte de inocentes con escapularios, a los pies de Dios?

Sobre esta tierra, la tierra roja de la sabana, quedará el epitafio de la mediocridad del poder. Mi muerte sería una más en este camino de la insensatez. Una muerte como la de los seis mil indios asesinados por ti y por tus hermanos por el afán de fortuna. Una muerte como la de Giovanni Coccobolo, denunciado falsamente por conspiración en Panamá, por la cual tendràs que llevar su nombre por siempre, como lúgubre apodo. Una muerte como la de esos cuatro campesinos ebrios que provocados por su edecán dispararon sus armas, provocan do la excusa propicia para declarar el estado de sitio. Una muerte más como la de tus seguidores a quienes convertiste en enemigos para librarte de ellos. A todos ellos como a mí, la historia nos conocerá como los mártires de Barro Colorado, porque aquí quedará inscrito un camposanto a la vergüenza nacional.

No puedes matar tu muerte, ni siquiera asesinar el fantasma de tu miedo. Podrás acabar con la patria pero no con tu remordimiento,

(Los sicarios le ponen soga al cuello. Luces. Música)

Es mi voluntad ser el último mártir de Barroco Colorado, ser la última gota de sangre derramada por la infamia, ser el último colombiano en satisfacer los deseos y codicias de los sádicos insatisfechos por la avaricia. Sobre estos campos, el verde de la naturaleza convivirá con ríos ensangrentados al calor de la paz, porque la paz es como usted, Coccobolo.

(Aprietan el cuello hasta ahorcarlo. Luces, música)

VOZ. Como sentencia final, el cuerpo de este miserable será llevado a cuatro manos por todo el patio en señal de escarmiento público, por la afrenta recibida mi general y Presidente de Colombia. Ejecútese y cúmplase. *(Sueltan el cuello, manos y pies. Luces intermitentes. Música Gregoriana) (La víctima es paseada por el escenario. Salen).*

2.4. SATIRA EN SOL MAYOR
(Obra para escenario abierto o cerrado)

Escenografía: Montículo de arena donde hay cuatro botellas grandes y sucias de plástico con agua, rocas, hojas y aire. Flauta dulce y ambiente silvestre.

Vestuario: Cuerpo semidesnudo cubierto totalmente de hojas y ramas, maquillaje ocre sobre la piel.

Acto único: (Sátiro saltando y tocando la flauta que recoge del suelo. Se detiene, mira todos los elementos escenográficos e imita una danza-ritual, como un venado sacrificado).

-Saludos... hermano sol... ¡señor sol! (mirando al cielo) ¡tu no caminas, sin embargo corres con todo el universo. Estas ahí... te vemos salir y te vemos ocultar, no sin antes coquetear con la luna. Eres energía que se convierte en vida, en movimiento... en sentimiento!

Siempre me estas mirando... nos estas mirando, y te enfadas hasta quemarnos la piel para castigarnos por no recuperar la sombra que por años dieron los árboles entrelazados y que nos pusimos en la tarea de derribar sin contemplaciones. Te sonríes y nos envías una brisa suave y fría para recordarnos cual vulnerables somos. Y... lloras estrellándolas nubes entre si, para recordarnos lo indignos que somos al permitir a nuestros hermanos, estas obras en homenaje a la barbarie.

Tu padre nos ama pero no perdona nuestra maldad, por eso en tus entrañas se desata una guerra sin fin y la sangre brota de sus venas en remolinos e inundaciones como queriendo dejar constancia de cada rincón vulnerado por el hombre y su codicia material.

(Toca la flauta y desprende lentamente unas ramas y hojas de su cuerpo y sigue la danza ritual. Se desvanece cansado en el suelo).

- Esta tierra (coge tierra del suelo y la esparce a su alrededor)... esta tierra esta enferma, tiene mal color (la huele)... huele a muerte y desolación, esta en cuidados intensivos. Señor sol, tus rayos la reaniman pero al poco tiempo recae... los humanos somos como virus que no la dejan curar.

(Camina y descubre las botellas enterradas. Saca la que contiene minerales o piedras y frota).

(Destapa la botella y lee a través de ella).

- He encontrado un genio... el genio de las rocas, el genio de la sequía tal vez. Estas rocas nos traen un mensaje. (Examina algunas) si, puedo leer claramente: "Este es el fruto del hombre; los áridos campos y sus desiertas almas son las que los llevan a su propia destrucción". Estas rocas traen sabiduría y aun conservan un resplandor, disfrazado en pequeñas manchas de color como queriendo pedir vida. (Riega lentamente cada una de las piedras por el escenario) Así, así se verán mas vivas, en un arco iris de grises y melancolías. Puedo sembrarlas, cuidarlas y protegerlas para que germinen y sean luz de la tierra.

(Continua su danza ritual, toca la flauta y desprende lentamente unas ramas y hojas de su cuerpo. vacía en un montículo y saca la botella que contiene aire, la frota suavemente y la destapa).

-Este es otro genio, un gran genio invisible, seco, cálido y frió, siento su fuerza y su bondad... el dios Eolo... el que nos permite respirar y vivir sanamente. Aquí, en el fondo de esta botella puedo leer un mensaje: "Cada centímetro cúbico que malgaste de mi, es un siglo para la pobre humanidad, porque puse el halito de la vida y las estas matando". En verdad somos muchos más que depredadores; somos una especie que olvida que otros seres tienen vida gracias al aire limpio sin contaminantes que lo hacen denso y difícil al organismo. Eolo tu vida depende de la nuestra, ¡que ironía!

(Suelta suavemente la botella y toca la flauta. Camina y danza ritualmente. Desprende ramas y hojas de su cuerpo, tómala botella que contiene hojas y la frota lentamente).

-Se siente el aroma de la campiña, el olor de las flores, el verde de las montañas... el verde color de las hojas vivas. Hoy están secas, ocres y sin brillo. Hojas que adornan los árboles en primavera y que surcan los suelos en otoño, son parte de los pulmones de la tierra y del trinar de las aves, su sonido con el compás del viento, entona una melodía que transpira quietud, paz, tranquilidad.

(Saca una de las hojas de la botella y la examina cuidadosamente, mientras va dejando que caigan al suelo).

Todo en la vida tiene un sentido, estas hojas, cada una cuenta una historia, casi puedo conocer su mensaje. "Somos como poros que permitimos respirar, vivir, sentir; nuestro corazón esta ligado al corazón del hombre y nuestra alma esta regada en cada rincón y en el interior de cada conciencia, somos vida en abundancia". No debemos llegar a extremos, debemos estar donde la vida esta y ser parte integral de la creación.

-Dioses de la vida, no permitan que poco a poco nos destruyamos, ayúdennos a ser libres y mirar en cada parte del universo.
(Toca nuevamente la flauta, mientras pone en el montículo la botella. Danza ritualmente con más fuerza y velocidad, se va despojando de hojas y ramas de su cuerpo, mientras toma suavemente la ultima botella que contiene agua. La frota suavemente).

-Por fin he llegado al origen de la vida, es así... corre por todas partes, salta de peñasco en peñasco, en el rió, en el mar, en la fuente. Es como el rey Midas... todo lo convierte en vida, todo lo hace mas alegre... los niños, esos niños que hacen diabluras con usted, diosa de las aguas; en cada gota esta escrito el pasado, el presente y el futuro. Tan transparente como la verdad y tan silenciosa como el amor. (Destapa y riega gota a gota sobre todo el escenario).

-Comprendo, entiendo e interpreto tu preocupación, cada gota quiere decirme algo... bien escucho: "Soy el principio y el fin, soy la vida y nadie puede vivir sin mi, no abuses de mi porque soy muy sensible a la contaminación y desaparezco pronto, algún día nadie podrá hacerme volver".

-Esta claro, tu nos pides conciencia y respeto, debemos hacerlo; tu nos pides pureza y no te estamos oyendo, tal vez no sea tarde para pedir perdón.
-Señor sol, funde estos cuatro elementos contigo y purifica la tierra, el hombre y su ambiente, haz que seamos sensibles y fuertes para combatir lo que nos hace daño; haz de la vida una eterna felicidad. Estoy aquí contigo viendo las rocas volver a brillar, viendo las hojas volver a reverdecer, escuchando el silbido del viento que entra a mí como oxigeno vital, y viendo correr el agua libre y sin preocupación.

-Señor sol, no es un canto, es una prueba de fidelidad, si yo muero, el mundo no me llorara, pero será un eslabón que falta a la libertad.
(Recorre el escenario y toca la flauta tristemente).

2.5. DISCURSO DE LA SOMBRA

(Aparece una Sombra que se pasea por todo el escenario)

SOMBRA: Hay días en que somos o tal no lo somos, eso depende de su noches. Las noches son las que permiten conocer la grandeza o pequeñez de las cosas. Las noches pueden ser lúgubres o victoriosas, sensatas o verdugas de la vida. Pueden ser la tragedia o la comedia que da final al tiempo y a la historia.

La noche... he viajado por ella durante años...siglos! He pensado en mentes grandiosas y he descifrado sus secretos, conocido el dolor y la amargura, la soberbia y el orgullo, la calma y la prontitud. Son mentes extraordinarias y decididas.

De noche, con la espalda al sol, he conocido el sentimiento granadino. De frente, a la luz de la luna, he conocido el despertar y el orgullo de la Gran Colombia, de pueblos oprimidos y con la marca de la esclavitud. Una mancha por haber nacido en América!

El conocer y el pensar forman parte de mis sentimientos, pero los sentidos también logran existir. He visto noches como la del juramento en el Monte Sacro, como la noche septembrina, y noches llenas de estrategias militares con el resplandor de la espada, de cuerpos sudorosos y enfermos con estandartes de guerra. Son aditivos para la libertad y la gloria. Pero... qué es la gloria? Es acaso una gaviota que se niega a ser torpe y quiere volar como un cisne? O es en verdad más que un sentido de vida para el ser humano? Creo que los dos. Los deseos se cumplen cuando existe voluntad y disciplina.

He visto también noches de proclama, noches fugaces y efervescentes donde existe el afán del mañana y el presente es pasado.

Simón de la Santísima Trinidad! (Toma la máscara y personifica a Bolívar): "He llegado para quedarme, aunque mi cuerpo ya no esté conmigo. Mis ideas se han extendido por el tiempo y el cielo americano. Muchos pueblos se han vanagloriado de mis pensamientos pero muchos también los han abandonado. Qué veloz es el tiempo y tan corta la distancia que separa un cuerpo de una mente!

Soy el conjunto de la pasión criolla, una pasión por vivir nuestra propia historia donde los ideales convergen con los sueños y los sueños son nuestras realidades. Para eso nací. No en vano Voltaire y Rousseau afianzaron mi pensamiento.

La revolución fue parte de mi ideario, tal vez fue mi vida misma. Pero cómo lograr una revolución si carecía de formación militar? Tan grandioso es el pensamiento que la espada y la jineta adornaron siempre mi discurso. Un discurso que sentó las bases para la emancipación.

Colombia, Ecuador, Perú, Bolivia y Venezuela formaban parte de ese gran sueño: la confederación Americana, una nación grande y poderosa. Pero fue más terrible mi frustración pues nunca se consolidó esta unión. Era tan grande mi deseo que prefería bajar al sepulcro con tal de contribuir a tan anhelado fin. Pero las cosas no fueron así. He muerto y mis manifiestos han quedado en todos los rincones de América. Aunque mi cuerpo ya no tenga signos vitales, mi mente deambulará hasta encontrar un nuevo cuerpo".

Qué puede haber mas grande que un pueblo soberano? La pobreza es fruto del mal uso del poder, un poder malsano que aturde nuestras propias decisiones. Esto es lo que se ha sentido en América Hispana!

Cuerpos nuevos en mentes grandiosas han intentado descubrir la fórmula para salir del barranco opresor. Muchos han logrado algo, otros simplemente han muerto en el intento, pero la huella Bolivariana se extiende por todo el sur de América. Es entonces cuando la fuerza social y las letras permean la nueva historia.

Simón es veloz y sus ideas brillarán por todos los tiempos. Así, ha nacido un intérprete de sus sueños de libertad, alguien que tiene sus zapatos: Santander.

El no es amante de la retórica y de la filosofía, es amante de una realidad, una realidad coloquial, una realidad que despierta una segunda oportunidad para los americanos del sur y el reconocimiento de una identidad propia.

(Toma la máscara y personifica a Santander)" ``Declaro ser un ciudadano de la Villa de Rosario de Cúcuta. Es mi idiosincrasia, lo llevo en la sangre. He forjado aquí mis ideales, mis pensamientos y los defenderé hasta el punto de entregar mi vida (...) Digo esto para desmentir a mis enemigos que han querido negar hasta mi identidad.

Por muchos años han mancillado nuestro nombre y nuestra cultura, nuestra economía y nuestra sociedad. Es tiempo de ser nosotros mismos, es tiempo para que nuestros deseos no sean obstruidos, es tiempo de luchar para que nuestros derechos no sean pisoteados. Así lo quiso Bolívar, así lo quiero yo.

"Aunque he nacido en Nueva Granada, no soy más que americano, mi Patria es cualquier región de América en que no tenga el más pequeño influjo el gobierno español. Dos años de guerra en Venezuela en la actual época me han dado ocasión de admirar al soldado venezolano, y el tiempo transcurrido desde nuestra transformación me ha hecho conocer el entusiasmo, patriotismo y odio a los españoles que abriga en su corazón cada individuo de esa república"

Nuestros países han sido divididos para repartirse como hienas hambrientas nuestros tesoros. El nacer en este suelo no les da derecho a vendernos como el pan, porque nuestro suelo es fruto de todos y para todos".

Aquí hay magia. Simón piensa... Santander actúa. Son un híbrido interesante. Es la fórmula anhelada. La fusión perfecta entre una mente calculadora, analítica, abierta y meticulosa, con un cuerpo fuerte, temperamental, recio y sin signos de debilidad.

Este mundo es irracional, cambiante, pero a la vez vulnerable. Todo está hecho, pero también todo está por hacer. No se ha creado un ideal para el hombre, no hay respuesta a su súplica. No se ha descubierto la fuente de la felicidad social, esa caja de Pandora que guarda el misterio de la paz, la armonía, la tranquilidad y la seguridad. Pero se han creado modelos de convivencia forzados por las condiciones del mismo hombre. Se han creado estilos de vida que satisfacen y agraden a los hombres.

Entonces, qué es el hombre? Una rara especie qué piensa pero que no actúa? O viceversa? Creo que piensa y actúa pero con temores y falsos espejismos.

Qué dirías Simón. (Toma la máscara y personifica a Bolívar)" Al hombre lo cubre la dignidad, debe ser conforme a sus ideales y en procura de su propia naturaleza. El hombre es servil y utilitario. A él todo se le ha dado en la creación, por lo tanto no puede ser menos que si mismo. La justicia y la igualdad marcan permanentemente su vida".

Santander no es tan metafórico. (Toma la máscara y personifica a Santander)" La espada de los libertadores tiene que estar, de ahora en adelante, sometida a las leyes de la República, La moderación, la tolerancia y la justicia rigen el corazón y desarman el descontento, mi filosofía me hace vivir contento con la seguridad de que el testimonio publico y el de mi conciencia, persuaden que he procurado llenar mis deberes"

Es aquí donde se encuentra el tiempo. Cronos estuvo cesante todos estos años, deambulando sin precisión. Las coordenadas son exactas, Simón y Francisco visten el mismo traje, porque fueron paridos por la misma madre: América. Del uno al otro no han pasado los años, han pasado episodios históricos que fluyen en una misma República, La Gran Colombia. Una réplica mejorada de sus antecesoras. El intento de la nueva unión americana.

Por eso, hoy es tal vez un día en que no somos. Esperamos la noche. Soy un espectro que divaga haciendo cuentas con el tiempo y el espacio. O, tal vez la resurrección de mejores noches. Tal vez no soy…

(Se va alejando del escenario).

3. TEATRO

3.1. QUYHYNA (al principio)

PERSONAJES:

TYGUA. *Guerrero, adorador del sol (AGUILA)*

QUYCA ATA. *Bailarina de la tierra (FABULA UNO)*

QUYCA BOZA. *Bailarina y chichera (FABULA DOS)*

ESCENOGRAFIA

Sobre el ambiente, mazorcas, matas de maíz, fogata, moya, totumas, lanzas y armas de piedra, instrumentos musicales (flauta, madero), luces al fondo y al frente, telón de fique con inscripciones guanes de tejidos y formas pictóricas, troncos, arena y maleza.

ACTO ÚNICO

(Una luz tenue se dispara desde el frente de tygua que está sentado con los brazos encogidos, ilumina todo su rostro, mientras el sonido de un madero repite frenéticamente. Al fondo, QUYCA ATA realiza un lento movimiento de brazos en señal de libertad. A su lado, QUYCA BOZA extiende las manos sobre TYGUA, sobre su espalda, dejándolas caer sobre la tierra desnuda. Su cuerpo se confunde con la maleza, TYGUA se levanta lentamente y expresa:

Tygua. (*Quyca ata y Quyca boza quedan estáticas)* ha llegado el sol sobre mi país, señal que la última luna ha partido... y el universo ha girado sobre su eje. Es tan grande la alegría que un canto de flauta y voces adornarán tu cielo. (*recoge la flauta del suelo, el madero suave va sonando*). Esta es tu sangre *(alzando la flauta),* doy mi aliento por vivir en tu alegría. (*comienza a tocar la flauta, Quyca Ata baila al son pisando el suelo y moviéndose lentamente en círculos*)

(*Quyca Boza pone fuego a la hoguera y exclama ayes al melodioso ritmo de la flauta)* (*Suavemente va apagando la flauta su sonido)*.Tygua la deposita en la tierra nuevamente y canta:

Tygua. Yo soy agua. algodón y maíz, flor , estrella, piedra y pan.

tu eres cosa, luna, sol y tierra, campo, canto, cuerpo y ser.

(*Quyca Boza no deja de tararear los aves mientras Quyca Ata pisa fuertemente la maleza. TYGUA deja caer el cuerpo totalmente, Quyca Boza hace una ofrenda al cielo con una mazorca que recoge del suelo*)

Quyca Boza. Oh, buenos dioses de la tierra, reclamo para mi tu fruto. (*riega algunos granos*), mi cuerpo comparte la alegría de tu bondad y siembro para siempre nuestro pan. *(pone en el suelo la mazorca y levanta las palmas de las manos*).

(*Mientras siembra, Quyca Ata danza sobre los granos de maíz esparcidos y pisa delicadamente como haciendo huecos, imitando la siembra del maíz, al compás del madero*). Quyca Ata repite varias veces:

Quyca Ata. Obaz aguasca, esupqua (echar semilla a buen tiempo)

(Tygua ha levantado su cuerpo del suelo y de pronto suelta un gran lamento):

Tygua. Ahhh, dioses míos, toda esta alegría se pierde en mi tristeza.(toma las manos de las dos doncellas. hacen un pequeño circulo. Los tres se quejan).

Tygua. No se-porqué si nos das la vida y la felicidad, la alegría muere cuando nuevamente nos haces polvo. Por qué nos tienes que regresar a la tierra?

(*danzan lentamente de las manos y en círculos, acompasando los pies al ritmo del madero. De pronto se dispersan. Tygua va en busca nuevamente de la flauta, Quyca Ata busca un bastón y Quyca Boza saca de la moya un poco de chicha que entrega a Tygua diciendo):*

Quyca Boza. Los dioses nos hacen y nos devuelven porque somos el principio de sus sueños.(le entrega la chicha). Bebe de la fuente de nuestros sueños.

(*Tygua bebe de la chicha y nuevamente toca la flauta tristemente, hasta caer dormido. El madero deja de sonar y Quyca Ata golpea suavemente el piso con el bastón hasta apagar su sonido y quedar totalmente inmóvil. Quyca Boza, levanta la moya y se la pone en el hombro y sale lentamente del escenario*).

3.2. LA VISITA DEL CONDE

PRESENTACION. Esta obra en dos actos presenta una supuesta visita de don José Antonio Moñino y Redondo, Conde de Floridablanca originada por una invitación hecha por el padre José Elías Puyana y Rizo. La trama pretende crear una situación libre de cualquier tiempo cronológico donde Puyana conoce al Conde y le muestra el poblado junto con algunos apuntes históricos y culturales, partes del ideario y los imaginarios populares.

En la realidad, el Conde nunca conoció estas tierras y su muerte (1808) fue la excusa para solicitar la erección de parroquia (1809), que se dio años más tarde (1817). Tanto Puyana como Moñino vivieron en contextos diferentes. En el ocaso del Conde, El padre Puyana era apenas un adolescente guiado por su familia.

PERSONAJES.

José Antonio Moñino y Redondo, *Conde de Floridablanca*

José Elías Puyana y Rizo, *Presbítero de Floridablanca*

Jeremías, *Asistente del Conde de Floridablanca*

Constantino, *Monaguillo del Padre Puyana*

Dulcineo Macaco de las Flores y Blanco, *Marqués de Aranzoque*

Oblelinda Juana Garza, *Esposa del Marqués*

Florichines, *Sèquito y Sobrinos del Marqués.*

I

(Aparece el Conde de Floridablanca con su asistente, apresurado, leyendo algunos documentos)

CONDE: Por mi madre! Qué es esto? Deudas....deudas...mas deudas....pobre España! Pobre su majestad, mi rey Carlos III. Estos malditos moros, bastardos! Nos siguen jodiendo...

Jeremías *(a su asistente)*, traedme la correspondencia...a ver si puedo al menos leer alguna buena noticia.

(El asistente el entrega varios documentos) A ver... solicitud de apoyo para la flota armada del sur. Mierda! Si seguimos así, seremos más pobres que Etiopia. Esta...apoyo para armamento y compra de naves para las batallas contra los ingleses. Me lleva la puta! Qué carajos es esto? Solo piden apoyo, dinero...mas oro...las colonias americanas no dan más. Qué noticias! Porqué habré aceptado ser ministro? Puras responsabilidades mayores...cuidar las finanzas, cuidar la imagen del rey, ser su político de cabecera y estar en todas las provincias.

JEREMIAS: Pero mi señor...también sois la familia del Rey.

CONDE: Cierto es! Pero el ser Conde me obliga a cuidar más del Rey y de España. Me imagino que dirá la historia el día de mi muerte: Al escudero fiel de su majestad, don José Antonio Moñino...

JEREMIAS: y Redondo...

CONDE: y Redondo, Conde de Floridablanca. Ah, mi tierra, la hacienda de mi padre, la hacienda Floridablanca, una bella campiña enclavada en el centro de Murcia, con flores multicolores... bueno, sigamos con la correspondencia peticionaria y deprimente. Veo esta carta, diferente. Tiene un sello de la Nueva Granada, es de las colonias americanas! Ojalá no vayan a pedir más armamento para frenar las revueltas del Socorro, santa Fè o Caracas.

JEREMIAS: Mi señor, esa carta parece una invitación.

CONDE: Y tú...cómo lo sabes? Acaso sabes diferenciar entre los documentos que se reciben o se envían?

JEREMIAS: pues...es una carta con poca escritura, además no tiene el sello del Virreinato... no parece un papel oficial.

CONDE: Tienes razón Jeremías, por algo eres mi edecán. Vamos a abrirla. (la abre) Es de un Villa por los lados del Cantón de Girón...eso pertenece a la Arquidiócesis de Pamplona, pues la firma un prelado de allí....un tal José Elías Puyana y Rizo, además de obispo, diputado.

JEREMIAS: Pero...qué dice mi señor?

CONDE: Impaciente edecán. Quien espera y es sensato vive mas años... es una broma. Dice:

Parroquia de San Juan Nepomuceno de Floridablanca.

A mi señor Don José Antonio Moñino y Redondo, Ilustre Conde de Floridablanca, Murcia, España, Madre Patria.

Respetuosamente acudo a su noble virtud ministerial de su majestad el Rey Carlos III y solicito en nombre de esta parroquia su presencia en estas tierras americanas, para hacer un justo reconocimiento a su señoría, por quien se dio nombre a este poblado. Esperamos su pronta llegada el próximo siete de noviembre.

Todos nuestros ciudadanos se sentirán honrados con su presencia.

De su servidor,
José Elías Puyana y Rizo
Presbítero y Diputado

JEREMIAS: Yo tenía razón, mi señor. Es una invitación. Esa es una buena noticia.

CONDE: Si. Al fin buenas noticias. Bueno, Jeremías, creo que es la oportunidad esperada para conocer esas tierras, además para descansar un poco de mis actividades ministeriales. Tomaré la decisión de viajar a esa villa. Por favor, notificad al escribiente de su majestad.

JEREMIAS: Inmediatamente, mi señor. Yo podría viajar con usted?

CONDE. Eso dadlo por hecho, mi fiel edecán. Arreglad todo para el viaje y que sea lo más pronto posible, pues nos esperan con afán.

JEREMIAS: Gracias mi señor. Para tan grande ocasión le preparo el traje de noble o el ministerial?

CONDE: Para esa ocasión debo llevar el traje nobiliario, el de Conde. Asì es como me quieren conocer.

JEREMIAS: Así será, mi señor. Algo mas... viajaremos en barco?

CONDE: Estáis loco? Por barco sería un viaje interminable y muy extenuante por cierto. Estos son otros tiempos, hay unos aparatos grandes, de metal, que vuelan...son muy rápidos. Les dicen...

JEREMIAS: Aviones!

CONDE: Así es. Por favor reserva dos cupos para el primer vuela del próximo domingo siete de noviembre. No olvides acomodar en el equipaje algunos ropajes de verano. Recuerda que allá es trópico.

JEREMIAS: Como ordene, mi señor. (Salen)

II

(En el escenario José Elías Puyana y su monaguillo. Mira el reloj)

PUYANA: Muy pronto llegará su señoría, el Conde. Por noticias llegadas de España, hemos conocido de su vida. Es un personaje muy importante para su majestad, casi que su mano derecha. Muchas cosas he conocido de él. Constantino (a su monaguillo), prepara las viandas y la comitiva para el recibimiento del Conde. Ya está pronto a llegar.

CONSTANTINO. Su reverencia, todo está listo, tal como usted ordenó. La cena, el café, los cuartos, todo. Bueno, solo falta confirmar la lista de invitados, es muy larga.

PUYANA: Los invitados son todo el pueblo. Todos quieren conocerle. Pero será luego. Debemos darle atenciones en este recinto tal como se merece un enviado de su majestad y de nuestra madre patria. Hay que procurar que nada le falte, que se sienta a gusto y cómodo, como si estuviera en su propia España. Repito, Constantino, que no falte nada!

CONSTANTINO: Así será, su reverencia. Señor...oigo ruido...mucho ruido...será que ha llegado el Conde?

PUYANA: Rápido, corre y evita que la multitud lo atropelle. Recuerda quien es... es el Conde de Floridablanca. Anda, corre. (Constantino sale aprisa).

Que bueno es tener noticias de la madre patria, tierra de mis antepasados. No puede creer que la carta al Conde dio resultado. Estoy muy contento. En pocos minutos podré verle y hablarle. Era casi una leyenda, pero hoy supe que es de carne y hueso. (Mira al cielo) gracias, mi señor Dios, por permitirme este encuentro, por haber realizado el sueño de los aldeanos por conocer al conde, al mismísimo ministro del rey. Gracias, señor...gracias...

CONSTANTINO: Su reverencia, para gloria de esta tierra anuncio la llegada de Don José Antonio Moñino y Redondo, Conde de Floridablanca, Ministro de su majestad el Rey Carlos III, quien esta a vuestra frente. (Entran Moñino y su asistente).

PUYANA: Su señoría, mas halagado con su presencia no he podido estar (Besa su mano). Sea usted bienvenido...y también su asistente.

CONDE: Su reverencia, el placer de conocer vuestra tierra y su gentil invitación son mas que motivos suficientes para estar con vosotros. Es un momento glorioso para la historia.

PUYANA: Pero...sentaos, señor mío. Fue un viaje muy largo y estais muy cansados, no hay duda.

CONDE: Un poco no mas. Si hubiese viajado con Colón, esta travesía me costaría tres largos meses, pro este nuevo invento...

JEREMIAS: Los aviones!

CONDE: Eso. Es todo mas rápido, casi que no existen distancias. Pero mi viaje a vuestra tierra tiene un fin claro: deseo conocer todo de esta pequeña villa, su gente, sus costumbres, todo...todo en absoluto!

PUYANA: Nos honran sus palabras, su señoría. Todo está dispuesto para atenderlo como se merece. Toda la información que pidáis será dada al momento. (Al monaguillo) llevad el equipaje a sus cuartos y procura que nada falte.

CONSTANTINO: No se preocupe su reverencia, todo está bajo control (sale con el equipaje).

PUYANA: Su señoría, estará con nosotros mucho tiempo?

CONDE: En verdad, mi vida es muy agitada. Tengo que cumplir miles de compromisos y obligaciones. Con Roma, con España, incluso con Estado Unidos, sus vecinos. Por esta razón solo estaré unos cuantos días, muy pocos tal vez, pero lo suficientes para saber muchas cosas de ustedes. De aquí debo partir a México a arreglar algunas cuestiones políticas de su majestad, pero espero disfrutar mi estadía lo mejor posible.

PUYANA: Ese es su deseo y así será su señoría. Señor Conde, hoy los ciudadanos de Floridablanca conocerán al personaje por el cual su nombre fue dado a esta villa y con el cual fuimos bautizados.

CONDE: Me enorgullece ser parte de vuestra historia, respirar el aire parroquiano y vivir sus costumbres. Bien valió la pena este viaje. Pero...primero debo conocer un poco mas de usted, su reverencia.

PUYANA: La verdad... mi vida ha estado ligada a la fe cristiana y a la pasión política. En esto último creo que coincidimos. He sido nombrado por el presidente Francisco de Paula Santander como primer cura párroco oficial de la Catedral de San Juan de Nepomuceno, desde el 30 de mayo de 1823. He logrado algunos asuntos públicos como diputado al llevar la construcción del edificio para un colegio para varones y lograr con ello ser de los primeros municipios en tener educación oficial. También hice gestión para la construcción de otros edificios públicos entre ellos la catedral, las capillas Chiquinquirà y Cementerio. Estas obras me las reconocerán con el tiempo.

Siempre lamentaré no poder morir en mi tierra, pues seré nombrado próximamente Obispo de la nueva catedral de Pasto. Probablemente las guerras que se desatarán en el sur no permitirán mi paso al centro del país y me obligarán a refugiarme en Ambato, Ecuador donde viviré mis últimos días. Pero antes de que esto pase, desempeñaré algunos cargos públicos y religiosos en Pamplona.
Así es y será mi vida, su señoría

CONDE: Su reverencia, algo tenemos en común. Creo que el destino dispuso este encuentro. Así como usted, muchos americanos tienen sus raíces en España, Portugal o Italia. Cuàl es su ascendencia?

PUYANA: Mi antepasado, Francisco Ambrosio O,Farel (apellido irlandés) nació en Sigüenza, España por el año de 1673 y falleció en Girón el 7 de noviembre de 1736. Llegó al Nuevo Reino de Granada en 1702 y acogió como nombre el de Francisco Hernández Puyana. Se residenció en San Juan de Girón donde ejerció el cargo de Escribano desde 1718 hasta 1736. Caso con doña Ana María de las Heras Pantoja, nacida en esa fundación, en 1688, descendiente de los fundadores de San Juan de Girón. De aquí se desprende mi genealogía. Mas adelante pasamos de Girón a la villa de la Mano del Negro, hoy Floridablanca.

CONDE: Sus rasgos y su educación son propios de herencia ibérica, Eso responde a mi pregunta, su reverencia. Mencionó usted algo así como de una mano de un negro? Qué es eso?

PUYANA: Si, su señoría, es una historia que luego se convertiría en leyenda. Pero, la verdad, no soy el mas indicado para hacer mención de ella.

CONDE: y... por qué no?

PUYANA: Llevo muy poco tiempo en la parroquia y es una historia propia de los lugareños. Creo, sin temor a equivocarme, que existe una sola persona que puede narrarla con pasión. Si su señoría quiere escucharla, ordenaré a Constantino, mi monaguillo, que se la relate. Èl si sabe de esta historia, porque es nativo de esta villa.

CONDE: Es un placer escuchar historias salidas de los labios y el corazón de los lugareños. Su reverencia, por favor decidle a su monaguillo que la quiero escuchar. Conoceré de sus leyendas mientras disfruto de los manjares de estas tierras (toma algunas frutas y come).

PUYANA: Con el mayor de los placeres, su señoría. Constantino, don José Antonio Moñino y Redondo, Conde de Floridablanca, desea escuchar la historia de la mano del negro. (Al conde) dadme un tiempo su señoría, que ya viene.

CONDE: Este viaje será tan fantástico como una expedición. Me siento maravillado con todo esto. Me emociono al ver esta inmensa pradera adornada con hilos azules que bajan del cielo y se posan sobre verdes montañitas agrestes. Me emocionan las calles estrechas y empedradas y las casas rústicas adornadas con salientes de barro y caña brava, como queriendo saludar al viajero y hospedar al peregrino. En fin...esto es un edén...es un villorrio encantador.(Llega Constantino).

CONSTANTINO: (A Puyana) Me llamaba, su reverencia?

PUYANA: Si Constantino. El señor Conde desea conocer la historia de la mano del negro. La relatas?

CONSTANTINO: (al Conde) su señoría, es una leyenda que tiene muchos años y sucedió en este suelo que pisamos. Le pido, mi señor, que se ponga muy cómodo para que la escuche atentamente.

CONDE: (Se acomoda) Ya estoy listo. Empiece por favor. (Come algunas frutas).

CANSTANTINO: Esta historia sucedió en tiempos de la conquista. Este relato que me contaron los abuelos tuvo su epicentro den la Hacienda Bucarica, en ese tiempo propiedad de don Ortùn Velazco, hombre de buen crédito y fortuna. Era de las haciendas más grandes de la región que luego con los años se consideraría génesis de la población de Floridablanca. Bueno, decía que el señor Velazco tenía muchas propiedades y esclavos, pues explotaba gran parte de las reservas de oro depositadas en las arenas de las aguas del Rio de Oro (hoy Rio Girón), además de tener el monopolio de algunos cultivos como quina y tabaco y otros productos agrícolas y pecuarios que comercializaba al interior del país.

Con la servidumbre tenía especial aprecio, afecto que no compartía su hijo Juan Velazco, quien odiaba a los negros y mestizos, sobretodo a uno llamado Juan quien era el esclavo preferido de su padre.

Juan Velazco gustaba del sufrimiento de los esclavos y era muy común verlo mostrando su crueldad azotándolos sin razón u obligándolos a dormir por fuera de los dormitorios en noches de lluvia y tormentas.

CONDE: Era un verdugo!

CONSTANTINO: Es solo el principio, su señoría. Juan Velazco, un buen día lleno de celos y de ira, intentó castigar sin piedad al negro Juan, pero avisado su padre, desautorizó tal actitud, defendiendo la vida e integridad del esclavo. Este proceder de su padre, mas que una advertencia, ahondó mas el odio por el negro y no perdía momento para atacarlo.

Juan Velazco esperó pacientemente la oportunidad para vengarse del negro y esta se dio. Un buen día don Ortùn Velazco, le pidió a su hijo que llevase algunas encomiendas y víveres a Girón, pues el se sentía cansado después de un largo viaje por santa Fe y no tenia ganas de salir por lo pronto. Su padre le encomendó a Juan, su hijo, no hacer la travesía solo, pues el camino estaba lleno de peligros y este no conocía muy bien el camino. Juan Velazco pidió a su padre el acompañamiento del negro Juan quien era el que mas conocía el camino. Así fue. Lo que nunca imaginaron don Ortùn y el negro Juan, fue la forma tan brutal como lo trataría por el camino.

Juan Velazco, una vez alejado de la hacienda de su padre, ató fuertemente con un lazo una mano del esclavo a la silla de su caballo. Poco a poco iba aumentando la velocidad del corcel obligando al negro a correr cada vez más rápido. Pocos kilómetros mas adelante, el negro no pudo continuar y cayó al piso agotado por el cansancio. Velazco azotó al esclavo y obligó al caballo a correr mas de prisa en una actitud propia del sadismo mas salvaje, llevando el cuerpo desmayado del negro y estrellándolo contra el suelo, las piedras y la vegetación.

Llegando a pocos metros de la plaza de Giròn, volvió la vista atrás y notó que el negro había desaparecido, en cambio viò una gran mancha roja cubriendo parte de su silla de montar. Paró a revisar y solo encontró con asombro que una mano se aferraba con fuerza a la silla como queriendo implorar por su vida. Sin remordimiento alguno y pasado su asombro, Juan Velazco soltó la negra mano y la arrojó a un costado del camino.

A su regreso a la hacienda, Juan Velazco dijo a su padre que el negro se había escapado y que no podía seguirlo porque temía por su vida. Su padre no muy convencido de esta historia, revisó todas las cosas que venían y notó la sangre seca depositada en la silla de montar y en la parte trasera del caballo. Sin embargo su hijo negó haber hecho daño al esclavo. Su padre entonces envió un grupo de búsqueda, no sin advertirles que debían llevar con él. El grupo salió y a los pocos kilómetros encontró el cuerpo desfigurado del negro, lleno de moretones y heridas producidas por la arrastrada del caballo. Después de revisarlo y subirlo a una mula, notaron que le faltaba una mano. Por más que buscaron por todos los alrededores, hallaron nada. Sin una mano, el cadáver del esclavo fue llevado a la casa de su amo. Ortùn Velazco reclamó a su hijo por la muerte del negro y castigado con su salida del testamento.

La mano, aseguran haberla visto días después sobre una inmensa piedra, en los límites de la Hacienda la Palmita, la que conocerán como la piedra del sol, por sus marcas talladas por aborígenes en señal de comunicación cosmogónica. Los que la han visto, aseguran que aparece con la palma abierta y apuntando al cielo como pidiendo clemencia y que cuando se comete alguna injusticia, se cierra en puño y golpea fuertemente la piedra. Algunos también aseguran que el alma del negro quedó atrapada en esta piedra y su mano trata de encontrarla.

Esta es la historia, su señoría.

CONDE: Es una historia sorprendente, celebro haberla escuchado. Gracias, fiel servidor de su reverencia. España sabrá de esta leyenda. Jeremías, hay que tomar registro de este invaluable suceso y de otras cosas de estas tierras.

JEREMIAS: Ya estoy tomando nota da cada cosa, no tendría perdón no hacerlo. Esto no se ve en España, es diferente. Esto es casi un paraíso encantado.

PUYANA: Es solo parte de la vida cotidiana de los parroquianos, son muchas las cosas que vais a encontrar y conocer en estas tierras.

CONDE: Presiento que mi alma morará aquí. Es un hecho. Su reverencia, os confieso que apenas toqué suelo florideño, me sentí como en un cuento de hadas. Es algo mágico. De todos lados aparecían personas amables, de gran corazón, humildes y serviciales, y ante todo muy laboriosas. Son personas que quieren su tierra, que buscan lo mejor para sus vidas y sus familias.

Hay muchos niños, angelitos de pureza como capullos de siempreviva. Los ancianos saben muchas cosas, son biblias del conocimiento. Todos han querido saludarme y tocarme como si no fuera real. Pero la verdad soy tan real como ustedes, mortal y de carne y hueso.

Me inclino ante este jardín de delicias que parece una gran obra del Bosco.

JEREMIAS: Mi señor, darías un paseo por los alrededores?

PUYANA: No creo que exista problema alguno. En un momento estará listo todo para visitar algunos sitios de interés como el parque principal, la capilla, el museo, Ruitoque, en fi, tantas cosas, su señoría.

CONDE: S, me gustaría. Pero primero quisiera que me contaran sobre estos sitios, luego los visitaremos. Les parece? (Constantino les sirve café).

CONSTANTINO: Con el permiso de su reverencia, puedo contar a su señoría algunas cosas sobre los edificios y algunas zonas?

PUYANA: Tiene mi permiso. Cuéntale a don José Antonio Moñino, todo cuanto èl desea saber. Quién mejor que usted para contarlo?

CONSTANTINO: Comienzo por el parque. En un principio estaba rodeado de verjas con enredaderas y grandes arboles aromáticos, así como platanillos y rosales. En su centro siempre ha estado una pileta adornada con una garza blanca que tiempo después donaría el padre Jordán. La garza es símbolo de la mujer de Floridablanca, por su esbelta figura y su orgullo natural. El tiempo convertirá este espacio en una mole de cemento. Era un jardín muy bonito.

De la capilla le puede contar que fue la primera construcción religiosa para la feligresía naciente, data de algunos años antes de la catedral. Es muy hermosa y acogedora por su gran parecido a la catedral de Mompòx. Del museo puedo decir que alberga una colección de piezas elaboradas por nuestros aborígenes los Guanes y que guardan parte de nuestra historia. Riotoque o meseta del viento, lugar de ensueño por donde respira el espíritu de este poblado y se recogen los ecos de todas las generaciones y se repliegan por todo el valle. Todas las cosas están provistas de magia, señor.

CONDE: Sin lugar a dudas. Constantino, deseo saber cuales son sus juegos, su comida, todo...deseo saberlo por favor.

CONSTANTINO: Su señoría, esta tierra produce de todo pues tiene casi todos los pisos térmicos, desde árido suelo en algunos puntos del Valle de Ruitoque hasta el frío intenso de la cordillera en el sitio de la judía. Hay variedad de frutales, algunas son afrodisiacas. Existen hormigas comestibles llamadas culonas. En cuanto a juegos, escondidas, tejo y hoyo que nos dejaron los antepasados.

CONDE: Es fascinante todo cuanto dices. Los envidiamos mucho.

PUYANA: Pero también sufrimos. Desde la iglesia puedo ver la tristeza por las guerras, por la codicia. Pongo el dolor en las manos de Dios y con la fe los puedo curar. Hay pobreza porque hay injusticia, algunos quieren todo. Esto es terrible.

CONDE: Su reverencia, es la enfermedad de todos los hombres. Se puede vivir en armonía pero puede más la ostentación. España está plagada por seres así. Bueno, ya he descansado lo suficiente y me he enterado de muchas cosas de ustedes. Creo que ahora si podemos dar el paseo por el pueblo.

PUYANA: Si su señoría. Pero permítame primero poner ante sus ojos a un personaje sacado de las entrañas de esta tierra, un personaje sacado de las historias de los hermanos Grimm, en fin, él y su familia son parte del imaginario popular. No existen realmente pero están representando todo nuestro acervo cultural.

CONDE: Me deja perplejo. Desde luego que sí quiero conocer este maravilloso personaje y su familia.

PUYANA: Constantino, dejad pasar al Marqués de Aranzoque y su familia.

CONDE: Un Marqués? Mi respeto...su dignidad es mayor que la mía. Dejadme acicalar un poco (se arregla)....

PUYANA: Mi señor, este Marqués no es real, es parte de nuestra simbología. Fue creado para darle valores culturales a estas tierras. Su título honorífico no es parte del linaje Español. Este título lo otorgó la población como un justo homenaje a nuestra identidad.

CONDE: Entiendo...entiendo...presentadlo!

CONSTANTINO: Anuncio la llegada del Marqués de Aranzoque, Don Dulcineo Macaco de las Flores y Blanco, su esposa doña Oblelinda Juana Garza, y su séquito los Florichines. El señor Conde los espera.

MARQUES: Mi mente se perturba ante la presencia de tal dignidad, ministro del Rey. Me inclino ante usted, señor.

CONDE: Levantaos, por favor, no soy el rey, solo un servidor mas.

MARQUES: Su señoría, permitidme presentar a mi esposa y a mis sobrinos.

OBLELINDA: Mis respetos, su señoría...

CONDE: Beso tu mano, distinguida dama.

FLORICHINES: (Realizan una danza) su señoría...nos honra su presencia en estas tierras.

CONDE: Fantástico! Son personajes imaginarios. De verdad que es una tierra mágica. (A Constantino) me podrías explicar el significado de estos personajes?

CONSTANTINO: Con el permiso de su reverencia (Puyana asiente). Bueno, el Marqués simboliza un poblado que aunque es autónomo, su erección de parroquia estuvo influenciada por España y este es un título honorífico que nos permite esa relación. Aranzoque ha sido una quebrada insignia del crecimiento poblacional. Macaco o mono aullador es el nombre de un mico que habita en la parte alta de la Judìa, en sus arbustos y bosque nativo. El apellido Flores y Blanco hacen honor a Floridablanca. En cuanto a su esposa, Oblelinda enmarca la tierra pródiga en industria dulcera. Su apellido Garza, es el animal símbolo de este poblado que habitó en las charcas y lagunillas formados por largos periodos de lluvia. Los Florichines son el resultado de una tierra joven y un poblado alegre. Su atuendo multicolor y de florones, denotan la celebración de sus festividades en armonía. Todos estos personajes llevan su propia historia para contar.

CONDE: y cómo son estas celebraciones, mi fiel gentil?

CONSTANTINO: Mi señor, el Marqués puede contarlo mejor.

MARQUES: Si, su señoría. La celebración se hace como un juego donde la música, el teatro y la danza son los protagonistas. Contiene actos cuyos subtítulos la Llegada, La Fraternidad y la Despedida reflejan la añoranza, el recuerdo y la esperanza de nuestra ciudad (Retorno).

Se desarrollan actividades como la Invitación a la comunidad y los medios de comunicación a cargo de Dulcineo y Oblelinda, la marcha (comparsas) de Florichines (parque Santander), la organización del escenario para los votos matrimoniales (Juzgado), la lectura del compromiso (acta), el juramento de votos, las palabras de los testigos, la fiesta popular con los florichines, la instalación del museo-móvil del Marqués, la intervención de troveros, ,las carreras de florichines y la llegada de comitivas especiales. Todas las actividades tendrán como fundamento el teatro callejero y las danzas. Así creamos nuestra propia historia.

CONDE: Su propia historia! Acaso no eres real?

MARQUES: Lo soy su señoría, pero debemos ser un manto a la tristeza y a los problemas del pueblo. Tenemos una gran tarea que cumplir. Somos la fiesta de Reyes, como alegría del nuevo año. Todos los años realizamos comparsas y representamos teatralmente mi visita al pueblo.

CONDE: Acaso no vives aquí?

M**ARQUES**: Si. Pero en lo alto de la montaña. Todos los años bajo con regalos para los niños y realizamos fuegos pirotécnicos en señal de amistad. Danzamos hasta el amanecer. Solamente nos gusta tener diversión pero con sentido de pertenencia.

Las rondas de los Florichines son tomadas de festividades ibéricas, de su amada España, mi señor.

CONDE: (A Puyana) su reverencia, la feligresía de esta villa es única, diría que no hay par en la tierra. Todo lo que me han contado bastaría para llenar una Biblioteca. Es un poblado que dará mucho de que hablar. Han escrito páginas y páginas de historia. Que mas se puede pedir?

PUYANA: Mi señor, vuestra compañía nos ha traído nueva vida. Nuestra gente no creía que usted existiese, pero ya vè, incluso usted mismo nos decía que se atropellaban por tocarle, por conocerle, por hablarle. Afuera, cientos, miles, esperan por usted. Quieren oírlo. Incluso nuestro alcalde tiene organizado un evento donde usted es nuestro invitado de honor. Se le dará la llave de la ciudad y se le impondrá la banda municipal. Todo esto quedará consignado en un libro de oro como testimonio de su visita.

Por favor, su señoría, Floridablanca es vuestra.

CONDE: Yo también me siento halagado con ustedes. Ofrezco mi tierra, Murcia para que la visiten cuando os plazca. Agradezco su cortesía y amabilidad. En verdad, mi visita fue tan inesperada que a lo mejor pase desapercibido para los cronistas.

Vamos...vamos, no prolonguemos la espera de estas gentes. Me muero por hablar con cada uno de ellos hasta que se me seque la garganta. En verdad...sois un prodigio de la tierra americana.

PUYANA: No, mi señor. Así es toda América y todos sus pueblos. Salgamos...salgamos su señoría, una fiesta en su honor nos espera.

(Salen todos, se escucha música de papayera y fuegos pirotécnicos).

3.3. PATRIA CEMENTO

ACTO ÚNICO

(En los pilares de un viejo puente de concreto, donde ya no transita ningún vehículo, aparece en escena un niño con un cartón debajo del brazo, una bolsa en el otro brazo, descalzo y sucio. Música de fondo).

Personaje 1. Tan bacano, esto si que es una verdadera casa. Buen aire... buena ventilación y sin goteras (mirándola detenidamente). Desde hoy me vendré a vivir aquí. (Acomoda todo lo que trae sobre el piso).

(Dos muchachos que pasan absorbiendo bóxer, se quedan mirándolo).

Personaje 2. Mano, mire (le dice al compañero). Esa pinta ahí en tremendo piso y nosotros mamando frío en la calle.

Personaje 3. Seguro. Vamos a decirle que nos dé posada o se la quitamos de una.

(Se acercan)

Personaje 2. 0iga, mano... déjenos quedar aquí, sí?

Personaje 1. Claro, aquí hay bastante campo. Vengan... pero no me ensucien el piso.

Personaje 3. Tranquilo. Nosotros somos muy responsables. (Acomodan sus pertenencias en el piso y arman sus camas de cartón).

(Aparecen dos niñas llorando)

Personaje 1. Por qué están llorando? Qué les pasó?

Personaje 4. Es que nuestro padrastro nos echó de la casa, llegó borracho y le pegó a mi hermanita, mire como le dejó el culo (les muestra la nalga de la niña).

Personaje 2. Ese marica es una pecueca. Y... que piensan hacer?

Personaje 5. Yo no quiero volver a la casa. Ese borracho viene siempre a pegarnos. Por qué, si no es mi papá?

Personaje 2. Y por qué no se quedan aquí? Esta casa es muy grande y alcanza para todos. (Les indica un lugar) miren, allí so pueden quedar.

Personaje 4. Muchas gracias (empieza a acomodar sus poquitas cosas).

(Varios niños se acercan corriendo)

Personaje 2. Que bulla tan culo. Que les está pasando, maricones?

Personaje 6. Es que estamos jugando a las escondidas, pero ya nos encontraron.

Personaje 2. Y no tienen más que hacer sino guevoniando la vida?

Personaje 7. Y que más quiere que hagamos si no nos dieron estudio, nos explotan los viejos para sus vicios y no nos quieren?

Personaje 3. Y donde viven?

Personaje 8. Por ahí.... Pero, a propósito, tienen una bonita casa. Es grande y con buena luz, no como la de nosotros, pequeña y oscura.

Personaje 1. En dónde?

Personaje 9. En un tubo de caño cerca al botadero de basura. Nos pueden dejar quedar aquí? Seremos juiciosos, lo prometemos.

Personaje 3. Esta bien, se pueden quedar, pero todos tenemos que ayudar a cuidar la casa, bien?

Todos. Sí, si, esta bien.

Personaje 1. No van a traer nada?

Todos. Es que no tenemos nada, esto es todo lo que traemos. (se acomodan en diferentes sitios)

(Todos se van saludando y presentando. Un silencio se hace presente en aquella singular casa)

Personaje 2. Todos nosotros somos personas que a nadie le importa nuestro futuro, vivimos en un pais que no es de nosotros, por que no formamos nuestra propia patria?

(Todos asienten)

Personaje 1. Vamos hacer una fiesta para elegir un presidente.

Personaje 2. Yo seré el presidente.

Personaje 8. No, seré yo.

(Con cartones, botellas y papeles comienzan elaborar sus propios afiches)

Personaje 2. Miren. Voten por mí y no tendrán que trabajar nunca. Yo les daré techo y comida gratis.

(Aplausos y gritos)

Personaje 8. Mejor este. Las mujeres tenemos iguales derechos que !os hombres. Voten por mí.

(Aplausos y gritos)

Personaje 3. Tenemos que votar por uno solo. A ver, quienes votan por Manuel?

(Varios alzan las manos)

Personaje 3. Quiénes votan por Daysi?

(Muy pocos alzan las manos)

Personaje 8. Esto es discriminación. Los hombres siempre quieren mandar.

(Todas las niñas rechiflan)

Personaje 1. Todas las elecciones son así. El que pierde no le gusta, pero no puede ganar sino uno solo.

Personaje 4. Desde este momento Manuel será Presidente de nuestro país. A Propósito, como se llamarà?

Personaje 9. Quièn?

Personaje 4. Nuestro país, pendejo.

Personaje 3. Que sea el presidente quien lo haga.

Todos. Si, si.

Personaje 2. Bueno. Yo pienso que corno nuestro país està formado por un puente viejo y de concreto, pues debería llamarse patria cemento. No les parece?

Personaje 5. Pues a mi me parece bien

Todos. Si...si... Patria Cemento

(Se escuchan risas y felicitaciones)

Personaje 2. Bien, pero también un país necesita ministro, y el presidente un secretario.

Personaje 3. También policía.

Todos. Si...si...si

Personaje 1. ¿Quién quiere ser el ministro?

Personaje 4. Yo.

Personaje 3. Están todos de acuerdo?

Todos. Si, Si

Personaje 1. Desde ahora tú serás el ministro.

Todos. Bravo... bravo... Bravo...

Personaje 1. Y, el policía?

Personaje 9. Yo.

Personaje 1. Y, el secretario?

Personaje 3. Ese seré yo.

Personaje 1. Que lo diga el mismo señor presidente...

Personaje 2. Si, esta bien, èl será mi secretario.

Personaje 6. Y...nosotros què seremos?

Todos. Si, que seremos?

Personaje 9. Pues ustedes serán el pueblo.

Todos. Y... qué hace el pueblo?

Personaje 1. Pues…debe hacer cosas que diga el presidente, el ministro y el policía.

Todos. Nada más?

Personaje 1. Solo oso.

(Silencio. El presidente recoge unos recortes de telas y arma una franja que se pone en el pecho diagonalmente).

Personaje 2. Secretario, ayúdeme a poner la banda presidencial.

Personaje 3. Si señor (se la acomoda) así esta bien?

Personaje 2. Más o menos (se subo a una tarima improvisada de piedras y madera). Pueblo de patria cemento, como primer presidente de patria cemento, es mi deseo que lodos hagan lo que yo quiero.

Todos. Y que quiere señor presidente?

Personaje 2. Primero que todo, dormir bien. Que las mejores cobijas de patria cemento estén a mi disposición. Después, que la mejor comida esté a mi disposición.

Todos. Usted esta loco!

Personaje 2. Nadie le dice loco al señor presidente. Quien no esté de acuerdo será expulsado de Patria Cemento inmediatamente. Secretario, ponga un aviso en todas las esquinas para que todos !o sepan.

Personaje 3. Si, señor presidente.

Personaje 2. Señores ministro y policía, quiero verlos ya!

(Se acercan los tres)

Los tres. Qué desea, señor presidente?

(Se los lleva a un costado del puente)

Personaje 2. Quiero que se saque una ley donde diga que el presidente deberá dormir todo el día y no será molestado por nadie.

Los tres. Si señor…

Personaje 2. Ministro. Dígale al pueblo que debe trabajar para traer comida y que nadie se puede revelar o será expulsado de Patria Cemento.

Personaje 4. Si señor.

Personaje 2. Señor policía Debe estar pendiente de quien hable mal de mi y que sea castigado quien lo haga.

Personaje 9. Si señor.

Personaje 2. Desde este momento todos harán lo que yo diga

Todos. Nos engañó. Lo que nos prometió no lo cumplió.

Personaje 6. Si, hagamos una huelga.

(Todo el pueblo, hace carteles y desfila por el escenario).

Todos. Presidente mentiroso, presidente mentiroso, el pueblo esta furioso.

Personaje 2. Qué es todo esto? Exijo el desalojo inmediato de esta gente. Sáquenla como sea de aquí.

Personaje 9. Señor... pero eso no podemos hacerlo.

Personaje 2. ¿Por qué no?

Personaje 9. Porque se nos vendrían encima.

Personaje 2. Qué podemos hacer entonces?

Personaje 9. Reunámonos y miremos que podemos hacer para controlarlos.

Personaje 2. Está bien.

(Se reúnen el presidente, el secretario, lo ministra y el policía. Se escuchan murmullos)

Personaje 2. Eso es, Les diremos que pueden participar del gobierno organizando una fiesta popular.

Personaje 4. Pero...qué clase de fiesta seria?

Personaje 9. Lo más fácil. Un reinado de belleza. Así los mantendremos ocupados por un buen tiempo y se olvidaran de la huelga.

Personaje 2. Bien. Secretario, hágaselo saber al pueblo.

(Todos permanecen con los carteles, llega el secretario)

PERSONAJE 3. Pueblo de Patria Cemento, el señor presidente comunica a ustedes que pueden ser parte del gobierno.

Todos. Y como somos parto de su gobierno?

Personaje 3. Desde ahora serán los organizadores de las fiesta populares, por ejemplo, un reinado de belleza quė les parece?

Personaje 7. Un reinado de belleza? Si. Yo seré la señorita Patria Cemento (desfila).

Personaje 6. Ja, Ja .¡a, Usted no sabe nada de eso. Mírenme, yo si se desfilar. (Desfila).

Personaje 9. Un momento, el reinado es como la elección del presidente. Tienen que haber candidatas.

Las dos. Y... corno lo hacemos?

Personaje 9. Dividámonos en grupos, cada grupo inscribe una reina y gana la que mejor desfile y sea la mas bonita

Personaje 2. Entonces... que comience la fiesta, digo, el reinado.

(Los grupos se reúnen para sacar su candidata, se escuchan murmullos)

Personaje 9. Ya están listas?

Personaje 8. Si, Pero quien la va a elegir?

Personaje 9. El señor presidente y el señor policía

Personaje 7. Y por qué ellos?

Personaje 9. Bueno, es para que todos hagan parte del gobierno. Así estaremos todos unidos.

(Se hacen los preparativos. Comienza el desfile. Las candidatas una a una caminan sobre una pista preparada con anticipación).

Personaje 9. Necesitamos quién haga una pregunto a cada candidata.

Personaje 2, Yo serè quien haga todas las preguntas,

Personaje 7. Pero usted es jurado?

Personaje 2. Y qué?. También soy parte del pueblo. Puedo preguntar y decidir. Hay algún problema en eso?

(Todo el mundo se queda callado)

Personaje 2. Bien. Haré las Primeras preguntas. Quién es la primera candidata?

Personaje 7. Puedo ser yo?

Personaje 2. Da lo mismo. A ver... cuánto es dos por dos?

Personaje 7. Hrnm... tres

Personaje 2. Correcto. Puede seguir para esto lado. (Le señala). Muy interesante su respuesta. Genial.

Personaje 2. Señor policía, haga la siguiente pregunta a la candidata dos.

Personaje 9. Si, señor presidente .A ver, a ver... es blanco, la gallina lo pone, se llama huevo y frito se come?

Personaje 6. Un televisor.

Personaje 9. Extraordinario. Señor presidente, va a ser muy difícil escoger a la reina de Patria Cemento, son muy inteligentes las dos. Yo voto por un empate.

Personaje 2. Opino lo mismo.

Personaje 9. Pero no podemos tener dos reinas, tiene qua ganar una sola.

Personaje 2. No hay problema. Una será la reina de la inteligencia de Patria Cemento y la otra, reina de la simpatía.

Personaje 9. Muy bien, tu serás la señorita inteligencia (le pone una cinta). Y tú, serás la señorita simpatía (le pone una cinta). De acuerdo?

Las dos. Si...si...si

(Se escucha música de fiesta, felicitaciones y mucho ruido)

(Todo se va quedando en silencio, se escuchan bostezos)

Personaje 3. Qué es ese ruido?

Personaje 2. Es mi barriga, creo que tiene hambre. (Sale para todos los lados en busca de comida)

Personaje 9. A mi también me está sonando. Dónde está la comida?

Personaje 6. En Patria Cemento no hay comida tenemos que buscarla.

Personaje 2. Yo no puedo salir a buscar pues soy el presidente. Señor secretario, busque comida.

Personaje 3. Ese no es mi trabajo, pues tengo que estar cerca de usted para escribir todo lo quo me dice. Creo que debe salir es el señor policía.

Personaje 9. Yo no puedo porque tengo que estar vigilando que todos vivan con orden, mas bien es tarea del ministro.

Personaje 4. No puedo. Mi deber es mirar que las cosas se cumplan en Patria Cemento. Eso es una tarea de las reinas.

Personaje 7. No, no... mi tarea es representar a Patria Cemento en reinados.

Personaje 6. Yo tampoco puedo, pues soy una reina y las reinas no buscan comida, se la traen. Eso lo tiene que hacer el pueblo.

Personaje 2. Eso es cierto. Señor secretario. Dígale al pueblo que tiene que traer comida para todos.

Personaje 3. Un momento. Eso no puede ser. El pueblo no puede conseguir comida para lodos. Me niego a traer comida.

Los demás. Si, si...si...no traemos comida.

Personaje 2. Si no traen comida serán expulsados de Patria Cemento.

Personaje 8. Pues, yo me voy de Patria Cemento. Es más fácil sobrevivir solo que Llenándoles la barriga a otros que se la pasarán durmiendo y dando órdenes.

Los demás. Nosotros también nos vamos. Podemos vender caramelos y conseguir comida. (sale todo el pueblo del escenario).

Personaje 9. Señor presidente, nos quedamos sin pueblo... y sin comida. Que hacemos?

Personaje 2. Llama a las reinas para que consigan algo ya que estoy que me muero del hambre.(se toca el estómago),

Personaje 9. Señoritas reinas, el presidente exije que le consigan comida.

Personaje 7. Ya estoy cansada de este país. Soy una reina y no traigo comida. Me iré para otro lado a ver si corro con mas suerte.

Personaje 6. No te olvides que yo también soy reina. Pero también me iré de aquí. (Salen del escenario).

Personaje. 9. Señor presidente, las reinas se fueron.

Personaje 2. No importa, aún quedan el ministro, el policía y tu. Llámalos a una reunión urgente.

(El secretario los llama y se reúnen con el presidente)

Personaje 3. Bien, necesitamos comer y no hay pueblo para que nos traiga algo. Qué debemos hacer?

Personaje 4. Desde este momento renuncio a ser ministro y me voy de este país. Aquí no hay quien trabaje. Yo puedo conseguir para mí. (Sale del escenario).

Personaje 9. Yo también me voy, no hay a quien vigilar. (sale del escenario).

Personaje 3. Señor presidente, como secretario, tengo que renunciar al cargo, pues no haya quien leer las ordenes, además tengo mucha hambre (sale del escenario).

Personaje 2. Pensándolo bien, Patria Cemento es muy pequeña, incomoda y no tiene puertas. Yo creo que de pronto se cae este bendito puente. Mejor, seguiré pidiendo comida en los comederos. (Busca la botella del bóxer y sale del escenario).

(Se escucha la música do fondo)

3.4. ESAS VAINAS DE DON QUIJOTE

PERSONAJES. Cervantes, Don Quijote, Dulcinea, Sancho, Novio de Sancho, Rezanderas, Mimos, Ambientalista, Chismosas, Bailarinas, Pintor, Músico, Indigentes, Ciudadanos.

ESCENOGRAFIA. Elementos propios de un parque municipal, como bancas, árboles, entradas, encerramientos, iluminación, fuente o pabellón de Banderas.

ACTO UNICO

CUADRO I

(Cervantes se pasea por el parque, se rasca la cabeza, mira al cielo, bosteza. Está inquieto. Se sienta en una banca y abre el libro del Quijote. Saca la pluma que tiene dentro junto con un sinnúmero de hojas en blanco).

Cervantes. Sevilla... Sevilla. 0h tierra de grandes fantasías. Aquí se quedó gran parte de mi vida. Fueron dos largos que sufrí el encierro. Dos años que no vi más que barrotes de hierro y paredes frìas. Estos son recuerdos de la guerra. Si no perdí mi vida, si parte de mi brazo, al ser atravesado por una lanza en los campos de Lepanto.

Pero no importa. He logrado con solo una mano y en el silencio de estas lúgubres celdas, escribir algo. Mejor, escribir sobre un gran caballero, un guerrero lleno de virtudes y desvaríos, armado de valor, soñador y enamorado. ¡Qué locura (levanta el libro) Esta es mi creación: el Ingenioso Hidalgo Don Quijote de la Mancha. Pero este no es el texto final, he de hacerle algunas correcciones. Veamos ... En un lugar de la mancha ...

(Mientras habla, aparece Sancho con su novio que le ofrece una rosa. Dulcinea aparece vendiendo caramelos, chicles y cigarrillos. Sancho y compañía se sientan en una banca, secreteando).

Dulcinea. A ver señores, les traigo las más ricas golosinas. Chicles con sabor a ajo y caramelos de mazorca, papas el trasnocho y otras casitas. Aprovechen las ofertas: paguen tres y lleven dos.

(Aparece Don quijote).

Quijote. OH, mi amada Dulcinea, sin ti no siento reposo. Mis brazos están prontos a recibirte y mi corazón como un reloj, no cesa de palpitar. Se aceleran mis sentidos cada vez: que veo tus ojos de azabache y tu piel dorada por el sol.

Dulcinea. Otra vez Don Alonso?: todos los dìas me dice lo mismo. Que tan bonita, que sus ojos, que su piel, que de todo, carajo, cambie el repertorio, viejo dinosaurio. Cambie de estilo, bueno ... también es cierto que loro viejo no aprende a hablar. Además para estas cositas del amor, no se como funcione, si funciona!

Quijote. No lo creas. El amor no tiene edad ni tiempo. El amor es una fuerza que penetra en los sentimientos y hace perder la razón. Estoy perdido. Solo vos podéis salvarme. Ven amada mía, pídeme lo que sea y yo os lo concederé. Pídeme el sol, la luna, las estrellas, el cielo entero, y todo será para vos.

Dulcinea. Esto no tiene remedio. A ver ... soy una mujer comprometida. Tengo novio, oyó: NOVIO. Pero tengo una duda: cómo me darás el sol, las estrellas y todo lo que dices?

Quijote. El amor es mágico, el todo lo puede. Solo si lo deseas ...

Dulcinea. ¡qué va! Eso es retórica pura. Acaso consumes drogas? Pilas. Eso lo vuelve loco de remate.

Quijote. No estoy loco, sino enamorado. Te lo demostraré. Véndame un cigarrillo de esos (le indica), mejor, véndame .... (Le indica cada cosa y le toma las manos) ... (Aparecen dos rezanderas)

Rezandera 1. Lo veis amiga? El mundo corre al revés. Mira a ese viejo con ese atuendo ridículo, acosando él esa joven.

Rezandera 2. Claro! Y la muy sinvergüenza no desaprovechará para quitarle hasta la pecueca. Ave maría purísima (se santigua)

Rezandera 1. Qué tiempos que vivimos. Menos mal que el final se acerca. Cada día se ven cosas más raras.

Rezandera 2. Se ha perdido la fe. Se vive corno bestias.

Rezandera 1. Bestias? Las bestias no se juntan con su mismo sexo, corno aquel par de maricones. Los muy descarados.

Rezandera 2. Eso si es Sodoma en persona. Esto no lo perdona ni Dios. Qué ejemplo para nuestros nietos.

Rezandera 1. Pero ... qué abusivos!. Ahora so les dio por sus maricadas en los parques. Será mojar que no nos sentemos aquí, no vaya a ser que se nos pegue.

Rezandera 2. Será una enfermedad? Qué tal si les pasamos el rosario ... pueden estar endemoniados!

Rezandera 1. Si. De acuerdo. (a sancho y novio). Ustedes: hijos del demonio, deben confesarse o se fritarán en el mismo infierno (los golpean)

Sancho. Viejas brujas, en que siglo están? Egoístas. No saben que el amor es libre y no importa el sexo si es puro?

Novio de Sancho. Si. Además existen leyes que nos protegen de gente tan anticuada corno ustedes. Deberían estar cuidando a sus maridos y lavando la loza.

Sancho. No sigas perdiendo tiempo, mi amor, mejor vamos a un lugar donde no hayan cuchas amargadas como estas.

Novio de Sancho. Si. Sin interrupciones (le coge la mano a sancho). Papi, papi, vámonos para el centro gay, está de ataque. Allì es nuestro paseo: (salen)

(Las rezanderas salen espiando a los novios)

Dulcinea. Pobres locas. Las sacaron volando. Bueno ... don Alonso, en qué quedamos?

Quijote. Soy un hombre serio y mantengo una posición. Quiero que seas mi adorada compañera, para siempre.

Dulcinea. Para siempre? Eso no le dijo a su esposa? (Quijote tose). Lo que pasa es que usted está buscando moza, cierto?

Quijote. No .... no. Estoy buscando una compañera. Yo no tengo esposa. Tengo esposa? Tengo cara de casado?

Dulcinea. Se está haciendo el loco, cierto? Echémosle tierra al asunto. Bien, viejo chulo, nos abrimos. Hablamos mas tarde, no se pierda ...

(Sale Dulcinea y Quijote se queda fumando)

CUADRO II

Cervantes. ...y los monstruos de cuatro astas, enclavados en los trigales, gemían cuán gigantes ávidos de maldad. Pero la maldad no es solo metáfora, es luz de cada día ...

(Pasan corriendo Sancho y su novio, felices. Un joven se posa en los prados del parque, con una cobija de cartón. Aparece una indigente embarazada).

Indigente 1. Oiga señor, me podría regalar una moneda?

Quijote. y tú, quién eres?

Indigente 1. No importa quien soy. Míreme. No ve la barriga que llevo? Fui violada por unos vagos en el callejón mientras dormía. Necesito comer para que esta criatura salga sana, pero si usted quiere le vendo mis ... (le muestra sus piernas).

Quijote. Alejaos de mi vista, no os acercáis más. Sois un demonio despreciable (apunta con su lanza) (la indigente lo recorre y le da la vuelta, mientras aparecen dos indigentes mas).

Indigente 1. Qué le pasa? està loco? Solo le estoy pidiendo para comprar un pan, viejo pirobo (hace un ademán a los indigentes 2 y 3). Lo que pasa es que usted es un man muy miedoso, gallina...

Quijote. Ouè decís? Miedoso yo? Has de saber que he enfrentado grandes batallas y he dirigido grandes ejércitos. No conozco el miedo. Soy un hombre de valor.

Indigente 1. Ya lo creo. Tiene muchos valores. (los indigentes lo toman por sorpresa). Pilas con el reloj, es fino.

Indigente 2. A ver parcero, quieto y no le pasa nada. Vamos de raqueteo.

Indigente 3. Está luqueado. Mire. Tres mil, cuatro mil, ...

Indigente 1. Bote el palo, no sea que nos joda con eso.

Indigente 2. Ya está. Quedó limpio. Espere, que se quite la ropa, de pronto tiene mas billete encaletado.

(Lo comienzan a desnudar y se escucha una sirena)

Indigente 3. Parces...viene la tomba...pilosos...ábranse...

Indigente 1. De una los que se abren (salen corriendo todos. Quijote se queda arreglándose la ropa).

CUADRO III

Cervantes. ...No puedo mas que recordar aquella frase de un desconocido tabernero, que, doliente por el mundo, expresaba su descontento contra quienes les ha sido delegada nuestra libertad. No es mas sabio quien tiene la verdad, sino quien la hace creer ciegamente...

(Entran Sancho, Novio, Dulcinea y ciudadanos, arengando y llevando afiches, pasacalles y tarjetones electorales).

Quijote. Cómo perturbáis la tranquilidad de la naturaleza? Cómo os desafiáis la paz?

Sancho. Mi señor: no estamos perturbando nada. Venimos para acornpañarte.

Quijote. Acompañarme? No creéis que es demasiado tarde? Uno!; monstruos acaban de despojarme de mis pertenencias. Me dejaron casi desnudo!.

Sancho. Señor, hoy es domingo. Hoy hay fiesta porque los ciudadanos de la Mancha, queremos que tú seas nuestra salvación.

Quijote. Salvación? Por qué estáis condenados?

Ciudadano 1. Hemos sido presa de codicia por largo tiempo. Ya es hora de decir: no!.

Quijote. No? Cada vez entiendo menos. Explicadme, os lo exijo.

Sancho. Necesitamos un gobernador. Es usted de nuestra confianza. Nadie puede hacer por nosotros más de lo que puede hacer usted. Señor, mira la gente, mira su tristeza. Acaso no se conrnueve?

Quijote. Y ... qué puedo hacer yo?

Dulcinea: Don Alonso. Queremos manifestarle nuestro respaldo, queremos que usted sea nuestro candidato, porque conoce nuestras necesidades y nuestros problemas.

Ciudadanos. Sí. Queremos un Gobernador justo, queremos a Don Alonso Quijana Gobernador. Ese es. Ese es ...

Quijote. Bueno, siendo así, no me queda mas remedio. Qué tengo que hacer?

Sancho. Háblele al pueblo. Diga mentiras, perdón, diga cual es su programa de Gobierno.

Quijote. Programa de Gobierno? bueno ... este ... ciudadanos de la mancha, he aquí a su salvador.

Ciudadanos. Bravo ... Viva don Alonso ... viva don Quijote.

Quijote. Tengo la solución él todos sus problemas. No mas hambre, no mas desempleo, no mas mendicidad ...

Ciudadanos. Bravo ... bravo .. bravo ... (Arrojan los volantes)

Quijote. La Mancha será modelo de salud, de educación. Seremos los mejores deportistas y habrá empleo para lodos.

Ciudadano 2. Ouè propone para.las vías públicas?

Quijote. Pavimentaremos todas las calles y carreteras, sin dejar un centímetro por cubrir.

Ciudadano 3. Qué propone para los maridos oprimidos?

Quijote. En adelante ningùn esposo serà maltratado por su mujer y tendrán derecho a divertirse los fines de semana en los billares y las cantinas.

Ciudadano 4. Qué propone pura los homosexuales?

Quijote. Podrán casarse sin problemas. Habrá libertad de sexos e irnplementaremos un programa para educar a la ciudadanía en derecho homosexual.

Ciudadana 5. Qué propone para las trabajadoras sexuales?

Quijote. Tendrán derecho a escoger el cliente y cobrar según su cara. No serán necesarios los controles de sanidad y todas estarán exentas de impuesto a las sábanas.

Ciudadano 6. Qué propone para la tercera edad?

Quijote. Crearemos un centro de juegos para los adultos mayores, con tobogán y montaña rusa. Implementaremos las olimpiadas de cartas y parqués.

Sancho. Qué tiene para su fiel escudero?

Quijote. No te he olvidado, mi gentil servidor. Para ti, mi querido Sancho, le será escriturada la isla de Marquetalia, perdón, de Barataria. Serás el amo y señor de esas tierras.

Dulcinea. No he escuchado nada para mí.

Quijote. Claro, amada mía. Os dejaré lada la provisión del Toboso. No tendréis mas que vender caramelos y Cigarrillos, Serás la rnatrona más hermosa de toda la nación.

(Sancho y Dulcinea se Abrazan)

Sancho. Es brillante su discurso. A èl deberemos todo. Ciudadanos, he aquí al hombre, nuestro futuro Gobernador.

Dulcinea. Si. Acompañémoslo a las urnas. Solo Don Alonso podrá solucionar nuestras desdichas. Vamos.

Ciudadanos. Alonso Quijana Gobernador, Alonso Quijana Gobernador...(desordenan el parque, dañan matas y bancas, pisan el prado) (sacan a don Alonso en brazos).

CUADRO IV

CERVANTES. Después de la tempestad viene la calma, pero la calma està impregnada de tristeza. El mundo es mudo y no podrá lamentarse. Todos los días nacen con su propia agresión, una agresión que cargará la naturaleza...

(Aparecen dos mimos de la mano con un ambientalista. Recorren el parque con emoción. Música de fondo)

Mimos. (Hacen gestos de desagravio, recogen una a una las basuras del parque y las depositan en las cestas. Arreglan los àrboles y bancas averiados y dañadas)

(El ambientalista da vueltas al parque sin entender el proceder de los; ciudadanos)

Ambientalista. Qué desastre. Ni los mismos animales podrían hacer algo semejante. Qué està pasando con la raza humana? Donde estàn los principios ciudadanos? Donde está el respeto por los demàs? La ambición no tiene lìmites. Antes no les importaba contaminar las aguas, talar los bosques y cazar indiscriminadamente. Ahora también acaban con la capa do ozono, depositan sus residuos en cualquier parte, llegando al extremo de exterminar lo poco que queda del medio ambiente.

Llegará algún día alguien pensante que ame la naturaleza más que a su propia vida y dirá: señor de los cielos, no he hecho yo al hombre sino tú. y le diste el espíritu para que gobernase sobre los demás seres de esta tierra. Pero, señor de los cielos, en qué se ha convertido todo esto? Tu propia creación se destruye.

(Los mimos se abrazan con el ambientalista y salen lentamente. Música de fondo)

CUADRO V

Cervantes. Hay Cosas tan pequeñas que pueden crear grandes dificultades. La información debe ser clara y no sujeta a otros sentidos. He sabido de hmbres y pueblos que pierden su horizonte y caen fácilmente en desgracia. Una noticia mal interpretada ha conseguido derrumbar un imperio...

(Don Quijote y Dulcinea, se pasean por el parque, haciéndose caricias. Entran dos comadronas o chismosas) .

Chismosa 1. Se fija comadre? No es esa la hija de Timoleón?

Chismosa 2. Don Timoleòn, el dueño del billar de la esquina?

Chismosa 1. Si, El mismo. Se acuerda de esta niña? Ni siquiera ha soltado la teta y mira en qué anda. Já. Buscándole males al cuerpo.

Chismosa 2. Ni se diga del viejo verde de don Quijote. Tal para cual. La tontica mirando a quien lo arrima su problema, y el viejo degenerado, que no es capaz de mantener él su familia, .. pero eso sí, saca de donde no tiene para gastársela en muchachas brinconas.

Chismosa 1. De verdad que abandonó a doña Rosa, el muy sinvergüenza?

Chismosa 2. ... y a sus siete hijos!. Es que parece que no tenìa nada mas que hacer sino chinos y chinos. Pobrecita doña Rosa.

Chismosa 1. Y de trabajar...pocòn, pocòn. No tiene tiempo sino para estar a la pata de escobas con faldas Por eso estamos como estamos!

Chismosa 2. y que me dice ,je sus amigotes?. Por ahí cuentan que sancho tiene novio. Ay carajo. Cómo serán los demás, ah?

Chismosa 1. y pensar que ese Sancho es bien parecido. Qué desperdicio, salió roscón...

(Quijote se está .dando cuenta de la conversación e interrumpe)

Quijote. Qué murmuráis, viejas decrépitas? Debíais estar mirando si la gallina puso, en vez de estar pendientes de los demás.. No os falta tiempo para sus quehaceres en vuestros hogares?

Chismosa 1. Usted es el que debería estar pendiente de sus deberes de padre. Deberìa estar trabajando como todos los hombres responsables. Y no con ese estúpido disfraz, tratando de conquistar ingenuas.

Chismosa 2. Yo diría que ni tan ingenuas... para la muestra un botón (indica a Dulcinea).

Quijote. No os permito hablar asì de mi amada Dulcinea. Sois impertinentes y os merecéis una paliza en vuestros traseros.

Dulcinea. Mi señor, no temáis, solo son solteronas sin oficio. Deberían estar puntuales en la misa de seis y rezar a San Antonio, a ver si les da una ayudita. Pobrecitas!

Chismosa 1. Mire señorita, eso creo. No estamos afanadas por conseguir marido, mas bien usted está buscando marrano para su problema (hace un ademàn de embarazo).

Dulcinea. Qué problema? ya, Sepan ustedes majaderas sin oficio, que no sufro de esos males, además ya estoy grandecita corno para que me digan corno debo actuar, mucho menos personas de su calaña. Chismosas!

Chismosa 1. No lo puedo creer! Simplemente le estamos dando un consejo y mire como se porta. Eso nos pasa por hacer el bien. La gente es ingrata.

Chismosa 2. Se lo dije. La gente no quiere recibir consejos. Después que la embarran si dicen, ay, por qué no le hice caso?. Qué razón tenían!, pero ya es tarde.

Chismosa 1. No perdamos tiempo. Mejor nos vamos para mi casa a ver novelones. Viò el capitulo de ayer? Ese Juan es terrible...imagínese que... (Salen comentando la novela. Quijote y Dulcinea se quedan mirando).

CUADRO VI

Cervantes. ...Nada más sublime al sentimiento humano que agradar los sentidos. El corazón es un torbellino de formas, colores y sonidos que se confunden con la alegría de la vida. Es nuestro deber alcanzar el calor de nuestros sueños. Sueños que perduran por la eternidad...

(Dulcinea y quijote se abrazan. Aparece un músico y se ubica en una esquina del parque. Toca y la gente que pasa le echa algunas monedas).

Dulcinea. Mi amado: es el sonido el canto de los cielos o el murmullo de los angeles?,

Quijote. Mi amada, es el verso del corazón. Es la luz del ama. Escucha y calla...calla...

(Aparece un pintor y coloca su caballete justo al frente de la pareja de enamorados).

Quijote. Ha llegado quien inmortalizará nuestro amor, pequeña mía. (Al pintor) señor de las formas y los colores, puedes regalarle él esta hermosa dama, su mas bella obra?

Pintor. Si desean un retrato de los dos, será para ustedes la gran obra. Pero eso cuesta dinero, no mucho, pero al fin, es mi trabajo.

Quijote. No importa, Aquí tiene (le da dinero). Así está bien? (posan. El pintor les indica la posición correcta).

Pintor. A ver...el mentón aquì... los brazos asì... abran bien los ojos...el cuerpo... asi esta mejor...si...asi...

(Aparecen dos o tres bailarinas modernas, haciendo ejercicios de danza)

Bailarina 1. (Al mùsico) maestro: puedes ayudarnos? Queremos bailar pero no tenemos música...nuestro cuerpos se mueren sino se mueven...

Músico. Què desean bailar? Tengo música como esta ... (interpreta)

Bailarina 2. Eso es, gracias maestro. Lara ... lara ... lara ... larin... ... (Bailan las dos)

(Una vez terminada la pieza musical, los personajes quedan en silencio y congelados).

Cervantes. Solo así, la mancha serà de eterna locura. Sancho probablemente vivirà con su novio en Barataria y adoptará algunos niños. Dulcinea y Don Quijote serán enamorados eternos y nunca 5e casaràn, pero no les importa mucho pues saben como es esta carreta de los amantes. Las calles seguirán llenas de huecos y basura, salvo en cada inicio de campañas electorales. La violencia será parte de la nueva ciudadanía e irà creciendo cada vez mas. Se seguirán prometiendo cosas que nunca se van a cumplir y la gente morirà de engaños. Las chismosas y rezanderas estarán ocupadas buscando de quien hablar y rezándole él San Antonio, por si las moscas. Los artistas estarán en vía de extinción, no hay quien de apoyo a estos pobres. Pensándolo mejor, es mas interesante no saber nada de lo que sucede afuera. Asì sean frìos los barrotes de las cárceles, los prefiero a esta mierda llamada libertad. Qué otra vaina se me ocurrirà. (Sale y termina la obra).

3.5. LA TIERRA SE JODE!

PERSONAJES

MIMO PARLANTE. Narrador. Vestimenta verde. Alegre, optimista.

CARLO CONSUMIONE. Depredador. Obeso e irreverente.

RICARDO PETROLINDO. Empresario. Arrogante y calculador.

NATURALIO LEAL. Naturista. Juez y acusador.

ACTO UNICO

(En escena aparece el mimo danzando, saltando, haciendo conjuros y ademanes exagerados al auditorio)

MIMO. Pacha mama! Pacha mama! Así le dicen en América a la madre tierra...la de los mayas, los aztecas, Los Incas. Esta tierra donde vive el Jaguar y el águila, la adoración y el universo. Aquí está el agua, el árbol y el ruido del bosque. Las criaturas son felices mientras no llegue el hombre blanco, la civilización. Pacha mama es una virgen que todos quieren tener.

(Aparece Carlo y realiza algunos ademanes grotescos con las manos y la cintura)

CARLO. La vida es pa`gozarla, dicen por ahí.....tienen razón! (Del fondo del bolsillo izquierdo del pantalón, saca un cigarrillo y lo prende. Fuma y hace una bocanada). Hummm, esto parece como una nube... (Hace figuras con el humo mientras del bolsillo del pantalón derecho saca una botella de licor y comienza a tomar y fumar alternadamente). Licor, rumba, cigarrillo...para que mas? (arroja contra el piso violentamente la botella vacía). Que buena la vida!

(El mimo se muestra furioso y se muerde los dedos).

MIMO. Lo ven? Esos son ejemplos que no se deben imitar. Esas son cosas que no se deben hacer jamás. Por favor... tenemos una tarea importante por hacer...

CARLO. (Rascándose el ombligo y la frente) que sería de la vida sin hambre? Que sería de mi vida sin comida? (Destapa una bolsa que contiene algunas golosinas envueltas en papel y se las come, se lame los dedos y arroja los empaques al piso). Ah... esto no es vida, no señor, es un vidodonon... jejeje (sonríe mientras se masajea la barriga y expulsa un nauseabundo y oloroso gas). Así suenen los suspiros, no hay duda. Jajaja...

(El mimo corre por todas partes ahuyentando el olor y tapándose la nariz)

MIMO. Así son muchas las personas que indolentes contaminan y contaminan.... Que feo eso!

(Aparece en escena Ricardo el empresario, elegante, con traje de coctel, sombrero, gafas y guantes).

RICARDO. (Revisa uno a uno los residuos que están esparcidos por el piso). Que veo...que veo...que veo. Ah...plástico...vidrio...papel.... Que bien! Esto me hace muy feliz. Mis empresas están creciendo. Mercancía por todos lados... Mas ganancias...mas platica! (Corre por todo el escenario) eso! Consuman...consuman...consuman. No se preocupen que yo me encargo de suministrar todo lo que necesiten. Je...je...je.

(Sigue revisando la basura).

MIMO. Mientras miles de personas destruyen y destruyen el ecosistema, depredan los recursos no renovables y contaminan el medio ambiente, miles de personas mueren de sed y por las enfermedades. Todo lo están convirtiendo en verdaderos desiertos. Otros no contestos con esto, amasan grandes fortunas a costa de un futuro incierto, gris y triste. (Hace gestos de dolor).

RICARDO. (Sacando del bolsillo de la chaqueta una calculadora). A ver...a ver... si produzco un millón de envases...esto me podría dar una utilidad de... (Hace cuentas). Perfecto, entonces si le sumamos el producir papel, mucho papel, vidrio, muebles...de todo, entonces tendremos una utilidad anual de... (Hace más cuantas y se pone a saltar de la dicha, hasta salir del escenario)

MIMO. Que vergüenza! Solo les importa ellos! No se dan cuenta que el mundo es mucho mas que esto? (Aparece Naturalio Leal, el español, con varias bolsas de colores. Lentamente va recogiendo y seleccionando las basuras regadas en el piso).

NATURALIO. Esto es solo una muestra del desorden, la ignorancia y descaro de la gente. Nos es posible que acaben con los arboles...esos pulmones naturales. No se dan cuenta que desforestando se secan los ríos y las cañadas? No entienden que el agua, el aire, la vegetación y todos los animalitos silvestres son parte integral de nuestro equilibrio ambiental? Razón tienen los indígenas de América en odiar al hombre blanco por su daño a la ecología. Ellos, que siempre han dado tributo a sus dioses, han mostrado respeto por los elementos de la naturaleza, por el agua, por el fuego, por el aire y por la tierra. Solo ellos viven el respeto y la gratitud por la vida.

MIMO. La conciencia permite ser mejores personas y puede lograr mejores condiciones de vida. Pero una vida en equilibrio con la naturaleza. Podemos remediar las cosas.

NATURALIO. (Se pasea por todo el escenario indignado). Todos los países hablan de protección y preservación del medio ambiente, del cuidado de la tierra y de sus recursos, de salvar el planeta. Que và...esas son letras muertas! Debemos inventar algo de verdad... pero qué? Que hacer? Ah... ya sé!

(hace un ademan como de iluminado).

MIMO. Que estará pensando...en un juicio? Si! Un juicio a la historia y a los hombres que matan nuestras vidas poco a poco... a los depredadores de los recursos de nuestra madre tierra. Eso es!

NATURALIO. EN nombre de la salud del planeta tierra exijo que comparezcan ante mí y ante los hombres, mujeres y niños que están en peligro de extinción, los culpables Carlo Consumione y Ricardo Petrolindo, como autores materiales de depredación y contaminación. (El mimo sale corriendo y los entra a empujones).
A ver... usted señor Carlo Consumione, lo acuso por acabar con los recursos naturales y contaminación ambiental. Tiene algo que decir en su defensa?

CARLO. (Ligeramente asustado). Si señor.... Solo puedo decir que utilizo las cosas que me brindan el comercio y la industria.... Solo compro y consumo... solo eso! Creo que no hago más que consumir y consumir... todo lo que se produce aún cuando no me sirva para nada o me haga daño. De otro modo el mundo estaría lleno de mercancías y de plagas. Así, las fábricas quebrarían y no habría trabajo.

NATURALIO. Pero debes entender que se debe usar la razón, se debe consumir sin dañar el ecosistema, sin contaminar y en armonía con la naturaleza. Tus razones no lo eximen de la sanción, por lo tanto lo condeno a revisar y acatar los contenidos de los acuerdo existentes sobre cuidado y preservación de la tierra y de respeto con el medio ambiente.

En cuanto a usted señor Ricardo Petrolindo, lo acuso por ser autor intelectual de esta barbarie con la tierra, que puede decir en su defensa?

RICARDO. Señor... yo creo que ayudo a la gente a tener mejores condiciones de vida, mejores comodidades y mejores oportunidades. Las personas necesitan cosas que yo puedo fabricar, claro que también es justo que me gane algo de dinero. Mi esfuerzo por complacer a la gente debe ser recompensado.

NATURALIO. (Indignado) A eso le llamas esfuerzo? Llamas ayudar a la gente utilizando maquinaria y equipos de destrucción y contaminación? Te parece poco el precio? Acaso, se compensan las cuentas bancarias con las muertes de miles de personas y la extinción de la fauna y la flora? Acaso el aire y el agua no tienen precio? Usted no tiene perdón, por lo tanto lo condeno a ser mejor ciudadano, a respetar las normas ambientales, a ser vigía del patrimonio natural y conservar la tierra, además debe producir con el mínimo posible de daño a los recursos de la naturaleza.

(Se dirige a los dos) Ustedes no son dueños ni de la tierra ni de la vida, ustedes son iguales a todos nosotros, mortales que nos necesitamos para vivir. Cada gota de aire es sagrado, al igual que cada centímetro cúbico de aire, igual que el olor del campo y la cosecha y de todo ser viviente.

MIMO. (Salta, hace ademanes y conjuros al auditorio).el equilibrio...el equilibrio...esa es la solución! Hay que castigar a los que dañan la tierra, que la hacen triste. Solo así podemos buscar la felicidad y vivir en paz.

(Todos los personajes limpian el escenario y se saludan amistosamente. Música de fondo. Terminación de la obra).

3.6. CESARES

PERSONAJES. Cinco personajes estatuas, escultor, dos damas.

(Sobre la calle se sitúan cinco estatuas (Herodes. Colon, Bolívar, Hitler, Caro) personificadas por actores. Todas están maquilladas de blanco (todo el cuerpo) en las posiciones características de los personajes. Estas figuras carecen de movimiento corporal, pero pueden hablar. Un hombre lleva un cincel y un martillo, usa túnica griega. Solo este hombre puede moverse. Es un escultor).

ESCULTOR. Porque fui un sagitario solitario y, nadie lidió conmigo los rudos combates que yo lidié... y. las piedras de mi honda... y !as flechas de mi carcaj. cogidas fueron en los desiertos de la soledad y .. talladas en ramas arrancadas a tos árboles de la soledad: porque solo vivì y solo combatì: por eso tengo derecho a llevar solo el peso de mis derrotas: y. Solo debo llevar el orgullo de mis victorias.

Orgullo...

Victoria.

Qué sentido tienen estas palabras inánimes. cuando se ha pasado ya el meridiano de la vida, mas allá del cual, tos vocablos mas atrevidos pierden teda sonoridad y no son sino débiles voces de un ensueño que van a morir en las entrañas de otro ensueño?

Voces de la vida que se van .. dichas al oído de la muerte que llega .. miserable diálogo de sombras inclinadas sobre el rió tenebroso de la eternidad:

recordar. rememorar .. evocar ...

"Alfareros a la orilla de las tumbas, empeñados en hacer estatuas de cenizas ..

Cómo no nos asombra su miserable fragilidad? .. cavar en la fosa del pasado...qué vamos a hacer de ese torbellino de polvo que levantan nuestras manos profanadoras? Hacemos bustos y medallas que acaso se harán pedazos entre nuestros dedos, después de haberlos quemado ...

evoquemos los pálidos espectros, antes de ir a dormir con ellos entre sus mudas legiones,: hagamos poner de pie, a los muertos aterrados, en nombre de la justicia: y, que los legionarios del crimen oigan el veredicto de la histona.

(Revisa minuciosamente una a una las esculturas)

Césares del fracaso, sin otro prestigio que el de su crimen: yo los esculpí; y despreciándolos, los inmortalicé (Aparecen dos damas)

Dama 1. Es un hermoso jardín. Bienaventurado aquel que sabido esculpir tan preciosos bustos.

.**Dama2.** Todos hechos con las manos del artesano y del mármol... fuerte como su historia. Herodes...Colón...

Dama1. Hitler...Bolívar...Caro...

Escultor. Son imágenes que hice para recordar holocaustos.

Estatuas: Holocaustos?

Escultor. La historia es vuestra. Son príncipes del destino, pero su destino es mío.

Herodes. No eres mas que un aprendiz de escultor. No conoces la historia. Acaso me conoces?

Escultor. Este martillo y este cincel son la historia, a ellos les debo conocer sus desvirtudes. Cuan difícil fue moldearlos.

Dama 1. Un busto se hace a la memoria, no a la desvirtud

Dama 2. Bastardo de la creación!

Herodes. Vivo como roca. Siempre fui Rey.

Escultor. Tu alma. tan fria como el mármol! Donde están los niños?

Herodes. Los niños ... los judíos ... desafiaron el futuro, al Rey Herodes.

Dama 1. Habla con su creación!

Dama 2. Blasfema contra su obra.

Escultor. Pero el cristianismo no murió .. estaba escrito .

Herodes. Pero soy roca y vivo como Rey...

Escultor. Deberías estar muerto para los hombres.

Herodes. Pero no lo estoy! soy la vida, has honrado mi muerte!

Escultor. No es la vida quien la quita. No es la muerte quien no la pide.

Colòn. Mas que la muerte ... la aventura ... el deseo ... la conquista ...

Dama 1. Está perdiendo la razón

Dama 2. Estará cansado? Cómo puede hablar con un pedazo de piedra?

Escultor. Dios salve a la reina... y a América. quién la salvó de usted?

Colòn. Nunca creí en ella...nunca pedí por ella. Eran mis indias

Escultor. violaste nuestro suelo. Cambiaste nuestro sol.

Dama 1. El sol está ahí. cómo puede cambiar el sol una estatua?

Dama 2. Es el calor alucinante!

Escultor. Miles de nuestros hombres perecieron por su codicia. A qué viniste?

Colòn. El mar...la aventura... tal vez el oro...

Escultor. El oro? nuestros sueños?

Dama 1. Donde hay oro?

Dama 2. Debería descansar. Parece agotado.

Bolívar. Una nación libre, este fue mi sueño.

Escultor. Una nación libre? Libertad a través de la barbarie?

Bolívar. Me recuerdan... me veneran... Venezuela .. Colombia.

Escultor. Qué hiciste con los jóvenes de la nueva granada?

Dama 1. Jóvenes? ,Acaso somos jóvenes?

Dama 2. Está obsesionado por una fruta tropical!

Escultor. Ayacucho... Boyacá... Carabobo... sangre en los campos...

Hitler. De concentración. Pude cambiar el mundo. Pude cambiar la ciencia.

Escultor. El vientre abierto de las mujeres, la asfixia en los trenes!

Dama 1. Asfixia...es un asmático!

Dama 2. Pobrecito! No ha viajado en tren.

Hitler. No puede haber pureza sin exterminio!

Escultor. No puede haber crueldad sin castigo!

Hitler. La pureza ... el poder. .. la gloria ...

Escultor. La marca del perdedor. El látigo en la mano de !a justicia!

Dama 1. Ahora pide justicia. Cómo pedirle justicia a nuestro entendimiento?

Dama 2. Se está castigando a si mismo. Ha perdido el juicio.

Escultor. Pero la justicia es letra muerta!

Caro. Ser letrado fue mi pasión. Los versos...la gramática...

Escultor. Un tirano !etrado? La muerte debía ser cervantina.

Caro. Un adverbio es mas importante que un hombre.

Escultor. Sus actos y sus rimas: despóticos y àridos. Su vida: violar las musas.

Dama 1. Su locura llenó los límites, nos quiere violar!

Dama 2. Esa es su inspiración! Es un artista muy peligroso.

Escultor. Los bárbaros florecieron por ti, tirano intelectual.

Dama 1. Es una calle muy peligrosa.

Dama 2. Es un artista trastornado, necesita. ayuda. (salen)

Escultor. Las cenizas de los césares y las de los esclavos, hacen un solo montón, sobre el cual ningún sol de gloria da sus reflejos inmortales; en esta hora en que. esos espectros lamentables empiezan a entrar en la sombra del olvido, la que yo escojo para evocarlos de nuevo y llamarlos a la \ida.

Basado en apartes del libro Los Cesares de la decadencia de Vargas Vila.

3.7. UNA TARDE DE CAFÉ

PERSONAJES

Purificación, anfitriona

Lucìa Caridad, Hija de la anfitriona.

Dolores Barriga, Visita 1.

Concepción Buendía, Visita 2.

Soledad Sequeda, Visita 3.

ACTO UNICO

(Entra a la sala Purificación)

PURIFICACION. Lucía, ya casi están por llegar nuestras invitadas a tomar el café. Por favor, prepara 5 tasas con tostadas y mantequilla. Apúrate!

LUCIA: Si, ya están casi listas. Mamá, cual es la razón de la visita?

PURIFICACION: Hijita, ellas son amigas de hace mucho tiempo, las conoces...Doña Dolores Barriga, Concepción Buendía y Soledad Sequeda. Nos criamos desde chiquitas y por cosas de la vida nos separamos, pero nos volvemos a encontrar.

LUCIA: Por qué dices que cosas de la vida? Que había pasado con ellas?

PURIFICACION: LA verdad, salimos del colegio y Lola se casó casi a los seis meses y se fue a vivir a otra ciudad. Conchita entró a trabajar en una empresa del Estado y la trasladaban cada rato. Y... Soledad... esa pobre no tuvo juventud, pues tuvo un hijo casi al momento del grado y le toco muy duro para sacarlo adelante.

LUCIA: O sea que esta reunión es para hablar de sus historias?

PURIFICACION: No. Nos vamos a reunir porque somos, al igual que muchas mujeres, victimas de los excesos de la sociedad. Por eso gracias a Dios conformamos el Bloque Mujeres al Tintero. Cada grupo está conformado por 4 o 5 mujeres y la tarea es hacer una reflexión sobre el papel de la mujer a través del tiempo.

LUCIA: Yo puedo participar de la reunión?

PURIFICACIÒN: Claro que sí, pues aunque eres muy joven, debes conocer cómo ha sido el camino trazado por muchas, sus luchas y sus logros. (Suena el timbre). Hijita, ya están aquí...ve a abrirles... (Lucía abre, saludan y entran las invitadas) .

PURIFICACION: Amigas mías, que gustazo tenerlas otra vez, cómo han estado?

DOLORES: Pues, yo estoy bien, no mucho, pero se diría que bien. Tengo salud y eso es ganancia.

CONCEPCION: Yo puedo decir lo mismo, pero casi no paro en ninguna parte. El mes entrante me trasladan para Pasto, después quién sabe a donde. Pero, toca, que se puede hacer...

SOLEDAD: La verdad, no me quejo, puedo descansar un poco gracias a que mi hijo salió de la universidad y está trabajando con un buen sueldo. Ya no me deja trabajar.

PURIFICACION: Lo importante es que estamos vivas y nos unen dos cosas, nuestra amistad y el grupo de mujeres. Bueno, a lo que vinimos. Mijita, por favor puede escuchar mientras nos traes el café....

LUCIA: Bueno mamá... permiso, señoras. (Todas asienten).

PURIFICACIÓN: Bueno, en esta primera cita y en mi calidad de anfitriona, propongo que manejemos los temas según nuestras experiencias. Por ejemplo, Lolita, tú conoces mucho sobre derechos, pues tu esposo es abogado, además en el colegio eras de las más pilas para leer y escribir ensayos.

DOLORES: Pues si, algo conozco sobre derechos, en especial lo que tiene que ver con la mujer.

PURIFICACION: Cuéntanos todo lo que sabes, por favor...

DOLORES: Bien, tengo entendido que La declaración de los derechos de la mujer y de la Ciudadana fue un texto redactado en 1791 por Olympe de Gouges, parafraseando la Declaración de Derechos del Hombre y del Ciudadano, el texto fundamental de la revolución francesa, llevada a cabo el 26 de agosto de 1789. Es uno de los primeros documentos históricos que propone la emancipación femenina en el sentido de la igualdad de derechos o la equiparación jurídica y legal de las mujeres en relación a los varones.

PURIFICACION: Sabes algo del texto, de los artículos, de que se trataba?

DOLORES: Si. Se que son diez y siete. A grandes rasgos dice el texto que La mujer nace libre y permanece igual al hombre en derechos, los derechos naturales e imprescriptibles de la Mujer y del Hombre; estos derechos son la libertad, la propiedad, la seguridad. El machismo en su esencia ha perdido fuerza.

PURIFICACION: Son estrictas en su forma.

DOLORES: Si, pero no he terminado aún. De hecho, en Colombia, las mujeres han adquirido derechos a partir de la segunda mitad del siglo XX, como el del voto y de reciente tiempo, la participación de la mujer en cargos públicos que no puede estar por debajo del 30%. Este es un logro muy importante.

PURIFICACION: Muy importante su aporte Lolita. También tenemos el tema de resolución de conflictos y creo que quien mejor puede darnos claridad es Conchita, pues su trabajo con la comunidad implica estar atento a la problemática de las distintas personas y situaciones.

CONCEPCION: Pues si, la verdad mi trabajo es esencialmente estar al tanto de las diferentes comunidades, por eso viajo mucho. En este tema quiero anotar que literalmente resolución de los conflictos es, pues, aquella rama de las ciencias políticas que pretende dirimir los antagonismos que se susciten tanto en el orden local como en el global, sin excluir la violencia como uno de sus métodos;

fundamentando su análisis en el ámbito social del lugar donde se produce el conflicto.

LUCIA: (Repartiendo los cafés) Pero...cual es su esencia?

CONCEPCION: Ésta especialidad se concentra principalmente en La necesidad de hallar salidas constructivas al conflicto, Valorar las formas comunitarias tradicionales, Trascender los límites marcados por el derecho y la psicología, Canalizar el uso de la violencia, Tener una respuesta efectiva frente a la guerra, y Establecer proyectos derivados de los resultados de las investigaciones llevadas a cabo en el lugar del conflicto.

LUCIA: Pero existen algunas pautas para mediar?

CONCEPCION: Si. Hay que seguir estas pautas: Oriéntese sobre las formas en las que ambos grupos ganan; su actitud en la mediación juega un papel importante en los resultados que obtendrá, Planifique y tenga una estrategia concreta. Esté claro en lo que es importante para usted y porqué es importante, Conozca su Mejor Alternativa en la Negociación, Separe la persona del problema, Enfoque en el interés, no en las posiciones y considere la situación de la otra parte, Entienda el sufrimiento, las luchas y las frustraciones de la gente en el problema, Cree diferentes opciones en la que haya ganancia mutua, Genere una variedad de posibilidades antes de decidir que hacer, Busque la mejor salida basado en los objetivos comunes, Preste mucha atención al proceso y flujo de la mediación, Tome en consideración las cosas intangibles; comunique cuidadosamente, Use sus destrezas de escuchar, re-frasee, haga preguntas y luego haga más preguntas.

PURIFICACION: Este tema no solo tiene que ver con nosotras las mujeres, es también de la familia y la sociedad. Me parece que estamos logrando el objetivo de la reunión, vamos conociendo temas interesantes.

DOLORES: Y prácticos, pues son tan cotidianos como comer o dormir.

PURIFICACION: Cierto Lolita. Hay también un tema a tratar el de la ley de la no violencia contra las mujeres y creo que tú, Soledad, traes algún comentario. Soledad era quien mas luchaba en el colegio por que nos maltrataran los compañeros o profesores y fue quien creció más rápido que nosotras. Te escuchamos.

SOLEDAD: Es un honor Purificación, pero todas luchábamos contra los chicos del colegio. Bueno, este no es un tema muy nuevo que digamos. Desde hace un par de años las parlamentarias colombianas y movimientos sociales, venían luchando por la implantación de una ley de Violencias contra las Mujeres, mediante la cual se pudiera sensibilizar, prevenir y sancionar todas las formas de violencia y discriminación contra el género. Finalmente el 4 de diciembre del 2008 el Congreso aprobó la Ley 1257 de Violencias contra la Mujer, la cual establece que la reparación a las víctimas recae en primera instancia en el agresor, y fija responsabilidades diferenciadas por parte de la comunidad y la familia. Define un modelo de sociedad donde la mujer es un ser autónomo, que no depende de un varón, y cuyos derechos deben ser respetados.

LUCIA: Cual es el objeto de esta ley?

SOLEDAD: Esta ley tiene por objeto la adopción de normas que permitan garantizar para todas las mujeres una vida libre de violencia, tanto en el ámbito público como en el privado, el ejercicio de los derechos reconocidos en el ordenamiento jurídico interno e internacional, el acceso a los procedimientos administrativos y judiciales para su protección y atención, y la adopción de las políticas públicas necesarias para su realización.

PURIFICACION: Soledad, cuéntenos que temas trata la ley....

SOLEDAD: La tipificación del delito de acoso sexual, el agravamiento de penas para crímenes de lesiones personales y homicidio por razón de ser mujer, así como creación de medidas fiscales para facilitar alternativas económicas para las víctimas de la violencia de género, son algunas de las innovadoras disposiciones de esta legislación. La ley, señala una lista de derechos, entre los cuales se destacan los derechos a "la verdad, justicia y reparación"; la estabilización de su situación conforme a los términos previstos en esta ley; y el derecho a la privacidad y a decidir voluntariamente si puede ser confrontada con el agresor.

La ley también establece que las alcaldías brinden atención psicológica, hospedaje y alimentación a las víctimas durante el tiempo que demore la captura del agresor. También establece la no discriminación por motivos de orientación sexual. Se señala además el principio de "atención diferenciada", el cual favorece a las mujeres víctimas del conflicto armado.

La norma también ha tipificado el acoso sexual como delito, para el cual se fijó una condena de prisión de entre uno y tres años. Algo muy trascendental para las mujeres víctimas de este flagelo en los espacios laborales o académicos. Por otro lado se establece la creación de medidas fiscales para facilitar alternativas económicas para las víctimas de la violencia de género, tales como los incentivos fiscales para las empresas que contraten víctimas, y la vez ordena la creación de oportunidades educativas.

Con la aprobación de este mandato constitucional, la visibilizarían y las herramientas para detener la violencia contra la mujer ya se obtuvieron, ahora el proceso de socialización entre la comunidad es el paso a seguir.

PURIFICACION: Es muy importante que las mujeres conozcan y se apropien de la Ley e igualmente es indispensable que las autoridades locales promuevan políticas públicas que atiendan a las víctimas en aspectos como educación, salud, bienestar, entre otros temas de gran relevancia. Debemos ser canal de divulgación, amigas (Todas asienten). Pero, tenemos como último tema, uno que sin duda es el más relevante al interior de las personas y en especial, la mujer. Estoy hablando del Autoestima. Creo que podré hacer un pequeño análisis de este tema.

DOLORES: De acuerdo, creo que eres la más indicada dadas tus calidades como madre y como amiga. Escuchemos entonces a Puri....

PURIFICACION: Autoestima es la percepción emocional profunda que las personas tienen de sí mismas. Puede expresarse como el amor hacia uno mismo. El término suele confundirse con el narcisismo o el coloquial ego o egocentrismo, que referencia en realidad una actitud ostensible que demuestra un individuo acerca de sí mismo ante los demás, y no la verdadera actitud u opinión emocional que este tiene de sí. Es un aspecto básico de la inteligencia emocional.

LUCIA: Entiendo, es algo como saber quien soy y para donde voy.

CONCEPCION: Pero deberá tener algunos síntomas...

PURIFICACION: De hecho existen de dos clases. Positiva y negativa. En cuanto a la positiva es igual a una persona con autoestima alta cuyas características son:

Asume responsabilidades con facilidad; Está orgullosa de sus logros; Afronta nuevos retos con entusiasmo; Utiliza sus medios, oportunidades y capacidades para modificar su vida de manera positiva; Se quiere y se respeta a sí misma y consigue el aprecio y respeto de quienes le rodean; Rechaza toda actitud negativa para la persona misma; Expresa sinceridad en toda manifestación de afecto que realiza; Se acepta a sí misma; No es envidiosa; Es tolerante.

LUCIA: Y la negativa?

PURIFICACION: Es cuando una persona tiene su autoestima baja. Sus características son:

Desprecia sus dones naturales, Otras personas influyen en ella con facilidad, Se frustra fácilmente, Se siente impotente, Actúa a la defensiva, Culpa a los demás por sus debilidades, Miente frecuentemente.

DOLORES: De verdad, que con el auto estima bajo, nuestras grandes mujeres no habrían podido lograr todas las cosas por las cuales lucharon.

SOLEDAD: Seguiríamos siendo esclavas de los hombres y de la sociedad. A lo mejor, no tendríamos leyes que nos protegieran.

CONCEPCION. Gracias a estas luchas por tener derechos iguales, es por que estamos aquí, disfrutando un aromático café y compartiendo nuestros conocimientos.

LUCIA: Y dejando enseñanzas a las mas jóvenes, como yo...

PURIFICACION: Cierto. Bueno amigas, el Bloque Mujeres al Tintero acaba de adquirir nuevos conocimientos gracias a ustedes. Terminemos de tomar el café y escribamos las memorias de la reunión. (Brinda con café) por unas mujeres iguales y luchadoras: Salud.

TODAS: Salud.

(Se despiden y salen todas del escenario)

Printed by Books on Demand GmbH, Norderstedt / Germany